말레이시아에서 다시 시작한
엄마의 자립 수업

말레이시아에서 다시 시작한

엄마의 자립 수업

숨이 막혀서, 나부터 살리기로 했다

초 판 1쇄 2025년 11월 18일

지은이 윤도연
펴낸이 류종렬

펴낸곳 미다스북스
본부장 임종익
편집장 이다경, 김가영
디자인 임인영, 윤가희
책임진행 이예나, 김요섭, 안채원, 김은진, 국소리

등록 2001년 3월 21일 제2001-000040호
주소 서울시 마포구 양화로 133 서교타워 711호
전화 02) 322-7802~3
팩스 02) 6007-1845
블로그 http://blog.naver.com/midasbooks
전자주소 midasbooks@hanmail.net
페이스북 https://www.facebook.com/midasbooks425
인스타그램 https://www.instagram.com/midasbooks

© 윤도연, 미다스북스 2025, *Printed in Korea*.

ISBN 979-11-7355-592-3 03190

값 19,000원

※ 파본은 구입하신 서점에서 교환해드립니다.
※ 이 책에 실린 모든 콘텐츠는 미다스북스가 저작권자와의 계약에 따라 발행한 것이므로 인용하시거나 참고하실 경우 반드시 본사의 허락을 받으셔야 합니다.

미다스북스는 다음세대에게 필요한 지혜와 교양을 생각합니다.

말레이시아에서 다시 시작한

윤도연 지음

엄마의 자립 수업

숨이 막혀서, 나부터 살리기로 했다

미다스북스

Prologue	아이를 위한 결정이, 나의 인생을 바꿨다	8
	서문	12

Chapter 1
왜 우리는 말레이시아로 왔을까?

1	교육도, 인생도 더 나은 선택이 필요했다	19
2	유학의 두려움, 이겨내다	25
3	결과보다 과정을 존중하는 말레이시아 국제 학교 교육	30
4	엄마도 교육 파트너, 국제 학교의 소통 문화 체험기	36

Chapter 2
국제 학교 준비 A to Z
부모가 꼭 알아야 할 현실 정보

1	IB, 케임브리지, 미국식 커리큘럼 비교	43
2	인터뷰, ELL 통과 팁 등 실질적 입학 준비	48
3	학비, 월 생활비, 지역별 주거 환경 비교	56
4	차량 대여, 정착 서비스, 이주 초기 준비 A to Z	63
5	정착 서비스에 대한 솔직한 후기	71
6	신중하게 선택한 학교, 하지만 전학을 고려해야 한다면?	75

Chapter 3

아이의 유학, 엄마의 인생까지 리셋되다

1 엄마도 유학생! 말레이시아에서 다시 쓰는 나의 시간표 83
2 영화가 언어가 되고, 언어가 나를 바꾼 시간 91
3 말 한마디가 사업으로 연결되다 98
4 글로벌 엄마들과의 교류: 외로움이 기회가 되다 108
5 강력한 마인드셋으로 위기를 기회로 116
6 내가 모르는 사이 아이도 성장하고 있었다 125

Chapter 4

아이 교육을 지키기 위한 현실 자립의 선택

1 "비상이다"라는 신호, 나는 움직이기 시작했다 137
2 절약의 한계를 넘어서, 수익을 만드는 사람으로 147
3 위탁 판매부터 콘텐츠까지, 나의 성장 스토리 156
4 경제적 자립은 아이 교육을 위한 또 다른 책임이다 164

Chapter 5

현실 부업, 내가 길을 만든다

1 하루 3가지 실천이 수익이 된다 173
2 지금 바로 시작할 수 있는 부업 180
3 내 글은 단순한 기록이 아니라, 나를 브랜딩하는 자산이다 190

Chapter 6

삶이 곧 일이고, 일이 곧 나를 만든다

1 아이와 함께 성장하는 루틴 197
2 일상을 시스템으로 만드는 힘 203
3 일상에서 확장된 수익 그리고 또 다른 가능성 211
4 나를 위한 성장의 시간 219
5 엄마로서, 창업가로서, 나로서 살아가는 법 228

Epilogue 무한한 가능성을 가진 당신에게 234

부록

현실을 바꾸는 루틴 실천 노트

1 하루 루틴 실천표 239
2 루틴을 도와주는 나만의 도구들 246

생활 부록

말레이시아 현실 꿀팁, 실전 가이드

1 로컬 마트 vs 자야 vs 한인 마트 장보기 비교   261
2 말레이시아 유심 & 휴대전화 사용 꿀팁   266
3 말레이시아 교통 가이드   271
4 말레이시아 의료 & 약국 이용 팁   276

- 이 책에 등장하는 '이안'이는 아이의 프라이버시 보호를 위해 사용한 가명입니다.
- 책 속 모든 경험은 사실 기반이며, 제 아들의 실제 이야기를 바탕으로 하고 있습니다.

Prologue

아이를 위한 결정이, 나의 인생을 바꿨다

'우리 아이, 이렇게 키워도 괜찮을까?'라는 질문이 어느 날 문득 마음속에 깊이 내려앉았다. 눈앞의 성적, 학원, 일정은 잘 따라가고 있었지만, 정작 아이의 눈빛은 점점 흐려지고 있다는 것을 느꼈다. 말이 줄고, 해맑은 표정이 줄고, 호기심마저 사라질 즈음, 나는 깨달았다.

"이 방식이 더는 답이 아닐 수 있겠구나."

국제 학교라는 단어를 처음 떠올렸을 때, 그것은 '해답'이기보다 '도전'이자 '두려움'이었다. 정보는 넘쳐났지만, 정작 우리 아이에게 맞는 길은 보이지 않았고, 비용, 언어, 문화 적응이라는 현실의 벽은 너무도 높았다. 그리고 무엇보다, 그 선택이 정말 옳은가에 대한 깊고 날카로운 질문이 끊임없이 따라붙었다. 하지만 아이를 생각하면, 그 질문에서 도망

칠 수 없었다.

한국 교육 안에서 내가 보았던 현실, 학부모 회장으로서 경험한 현장의 분위기, 학교가 아이들을 '지켜보는' 곳이 아니라 '줄 세우는' 구조가 되어가는 풍경들…. 그 속에서 나는 아이에게 진짜 자유로운 배움을 선물해 주고 싶다는 마음을 점점 단단히 하게 되었다. 그리고 결심했다.

"이제는 다르게 살아보자."

말레이시아에서 시작한 삶은 결코 화려하지 않았다. 익숙한 것들을 내려놓아야 했고, 두려움과 맞서야 하는 시간이 훨씬 많았다. 비자가 늦어져 속이 타들어 가고, 집 문제 하나에도 스트레스를 견뎌야 했으며, 학교와의 소통에서 답답함을 느낄 때마다 마음속에는 이런 생각이 떠올랐다.

"내가 지금 뭘 하고 있는 걸까?"

"정말 잘한 선택이었을까?"

하지만 그런 날들 속에서 나는 분명하게 느꼈다. 엄마인 나도, 이곳에서 다시 태어나고 있다는 것을.

아이를 위해 시작한 여정에서 가장 먼저 성장한 사람은 바로 엄마인 '나'였다. 아이 등교 후 조용한 아파트 단지에서 명상하고, 영어와 중국어를 공부하고, 낯선 환경에 적응하기 위해 노력하며 나는 처음으로 나 자신과 깊이 마주하게 되었다. 처음에는 외롭고 불안했지만, 그 시간들이 점차 루틴이 되었고, 그 루틴은 나를 지탱하는 기둥이 되었다. 그 기둥 위에서 나는 다시 삶의 방향을 설계하기 시작했다.

이 책은 단순한 국제 학교 정보서가 아니다. 엄마가 '교육의 소비자'가 아니라, '교육의 동반자'로 깨어나는 이야기이며, 아이의 성장을 위해 먼저 자신을 돌본 사람의 고백이다. 아이의 배움이 깊어지기 위해서는 부모가 먼저 중심을 잡아야 한다.

나는 밥 프록터의 한국 유일 비즈니스 파트너 조성희 대표에게 마인드를 배웠으며, 마인드 파워 독서 코치(교육부 인증) 자격을 취득한 사람이다. 오랜 시간 '생각의 힘'과 '확신의 언어'를 훈련해 왔으며, 그 힘이 말레이시아라는 낯선 땅에서 내 삶을 다시 일으켜 세웠다. 아이에게 원하는 삶을 말하기에 앞서, 엄마인 내가 먼저 그 삶을 살아보기로 한 것이다.

이 책은 그런 여정의 기록이다. 국제 학교 준비 과정, 경제적 자립을 위한 현실적인 방법들, 엄마의 루틴과 내면 성장,

그리고 가족 전체가 함께 성장해 가는 스토리까지. 나의 이 모든 경험이, 누군가의 두려움 앞에 작은 용기가 되기를 바란다. 그리고 무엇보다, 자신에게 이렇게 말할 수 있게 되기를 바란다.

"아이를 위한 결정이었지만, 결국 나의 삶을 바꾼 건 그 작은 용기였다."
"엄마의 선택은 아이를 키울 뿐 아니라, 엄마 자신을 다시 태어나게 한다."

이 글을 읽는 당신이 지금 어떤 선택의 기로에 서 있다면, 그 길 위에 혼자가 아님을 기억해주기 바란다. 나 역시 같은 길을 걸어왔고, 지금도 걷고 있는 엄마이기 때문이다.
그래서 이것은 단순히 유학의 이야기가 아니다. '깨어 있는 부모가 아이와 함께 성장하는 삶'에 관한 이야기이다. 그리고 당신 역시, 그 여정의 주인공이 될 수 있다.

꿈을 선택하는 용기,
그 길을 현실로 만드는 실행가.
대한민국 엄마 대표이자 창업가, 윤도연 드림.

서문

많은 사람들은 이 책을 단순히 국제 학교 경험담이나 유학 준비기로 생각할 수 있다. 그러나 그것만으로는 이 책을 설명할 수 없다. 한국에서의 이야기는 이미 첫 번째 책 『끌어당기는 세일즈』에 담겨 있다. 이 책은 그 이후, 아는 이가 아무도 없는 완전히 낯선 환경에서 내가 새롭게 적응하고, 부딪히고, 헤쳐 나간 도전기이다.

나는 지금 아이의 교육을 위해 말레이시아에서 살고 있다. 그러나 이 선택은 단순히 아이의 성장만을 위한 것이 아니었다. 나 스스로도 다시 배우고, 도전하고, 확장하는 두 번째 삶의 시작이 되었다.

한국에서 메리케이 비즈니스를 할 때는 지도 한 장 펼쳐 들고 전국을 누비며 두려움 없이 도전했다. 그러나 이곳은 달랐다. 운전부터가 큰 도전이었다. 우측 통행에 익숙했던 내가 좌측 통행과 반대 운전석에 적응해야 했고, 25분 거리인 통학길에서 교통 체증으로 한 시간을 보낸 적도 많았다. 긴장 속에 장시간 운전을 하다 다리에 쥐가 나서 페달을 밟는 것조차 힘들었던 순간도 있었다. 역주행을 하다 진땀을 흘린 적도 있었고, 회전 교차로에서 나가지 못한 채 빙빙 돌기만 한 적도 여러 번 있었다. 신호를 지켰음에도 옆 차의 부주의로 사고를 당한 경험도 있었다.

사고 후 찾아간 병원은 중국인들을 위한 곳이라 중국어로만 소통해야 했는데, 아무리 공부해 왔다고 해도 내 증상을 혼자 설명하는 건 쉽지 않았다. 그때 중국인 친구 엄마들이 함께 와서 통역을 도와주었고, 필요한 치료를 받을 수 있었다. 그 경험을 통해 나는 확실히 깨달았다. 사람은 혼자 살아갈 수 없다는 것. 함께 의지하고 나누면 못 헤쳐 나갈 일이 없다는 것. 두려움만큼이나 감사와 관계의 힘을 깊이 배우게 된 순간이었다.

아이 역시 처음에는 적응이 힘들어 울기도 했다. 그러나 우리는 매일 확언을 외치고, 한 달 뒤·여섯 달 뒤·일 년 뒤 우리의 모습을 시각화하며 서로를 격려했다. 그 결과 아이는 ELL(영어 집중반)을 통과했고, 졸업식에서는 성적이 가장 크게 향상된 학생으로 뽑혀 상을 받았다. 도전하면 반드시 된다. 이것은 나뿐 아니라 아이, 그리고 이 책을 읽는 모든 이들에게도 해당되는 이야기다.

밥 프록터는 상상은 시작이지만 실행이 뒤따를 때 현실이 된다고 말했다. 아무것도 하지 않으면 아무 일도 일어나지 않는다. 나는 메리케이 시절부터 매일 "6가지 중요한 일"을 적는 습관을 지켜왔다. 지금도 큰 목표를 잘게 쪼개어 오늘 반드시 달성할 수 있는 작은 수치로 만들어 실행한다. 그렇게 쌓아올린 루틴과 확언이 낯선 환경 속에서 나를 지탱하는 기둥이 되었다.

나는 한국을 떠날 때 위탁 판매를 하고 있었지만, 이곳에서 마케팅 대행을 시작했고, 지금은 작가이자 강사로서 새로운 길을 열고 있다. 안 될 것 같고, 두렵고, 답이 없고 막막할 때도 많았다. 그러나 차근차근 상황을 돌아보며 하나씩 점검하니 답이 보이기 시작했다. 작은 것부터 실행에 옮기니 방법이 보였고, 결국 앞으로 한 걸음 더 나아갈 수 있었다.

어제보다 더 나은 내가 되기를

시작은 거창할 필요가 없다. 오늘의 작은 발걸음이 내일의 큰 성과로 이어진다. 넘어지더라도 괜찮다. 다시 일어설 용기만 있다면 누구나 성공할 수 있다. 삶은 때때로 힘든 순간을 주지만, 그것은 끝이 아니라 또 다른 시작의 신호다.

이 책은 단지 유학을 준비하는 엄마들의 책이 아니다.

새로운 삶을 다시 세우고 싶은 모든 이들을 위한 실행의 지도이다.

읽는 내내 "나도 할 수 있다"라는 믿음과 "오늘 당장 실행해 보자"라는 에너지를 얻게 되기를 바란다.

나는 지금도 내 큰 목표를 향해 달려가는 길 위에 서 있다. 느리더라도, 천천히 오늘도 나만의 길을 걸어간다. 부딪히고 깨지고 좌절할 때도 많았지만, 그때마다 답을 찾으려 노력했고, 결국 낯선 이곳 말레이시아에서도 나는 새로운 길을 개척하며 나만의 삶을 향해 나아가고 있다.

나는 당신 역시 두려움을 넘어, 더 크고 넓은 삶을 만들어 갈 수 있다고 확신한다.

이 책이 당신의 첫걸음을 위한 든든한 동반자가 되기를 바란다.

"나도 할 수 있다.
그리고 바로 오늘, 첫 발걸음을 내디딘다.
그 선택이 내 인생을 바꿀 것이다."

Chapter 1

왜 우리는 말레이시아로 왔을까?

1

교육도, 인생도
더 나은 선택이 필요했다

 나는 한 아이의 엄마, 작가, 사업가, 강사로서 다양한 정체성을 가지고 살아간다. 하지만, 이 모든 역할 중 하나만 고르라고 한다면, 나는 주저 없이 '엄마'라고 말할 것이다. 왜냐하면 내가 살아가는 이유, 내가 성장하는 이유, 그리고 내가 세상을 바라보는 시선조차도 결국은 아이로부터 출발했기 때문이다. '엄마가 변하면 아이가 변한다.' 이 말은 단순한 자기계발 문구가 아니라, 내 삶에서 실제로 체감한 진리였다. 엄마가 무너질 땐 가정 전체가 흔들렸고, 내가 단단해질수록 아이는 더 자유로워졌다. 그래서 나는 늘 질문을 던졌다.

 '나는 지금 어떤 기준으로 아이를 교육하고 있지?'

 '이 방식이 과연 아이의 삶을 변화시킬 수 있을까?'

 세상이 빠르게 변하고 있다. 10년 전과 지금, 그리고 앞으로 10년 뒤의 모습은 상상할 수 없을 만큼 달라질 것이다. 그런 시대에, 아이에게 어떤 교육 환경을 제공해야 할지에 대한 고민은 단순히 '엄마'의 몫이 아니라, 미래를 설계하는 '디자이너'로서의 사명처럼 느껴졌다.

나는 외국어고등학교를 졸업했다. 독일어 말하기 대회에서 상을 여러 번 받았고, 영어는 기본으로 공부했으며 일본어도 의사소통이 가능한 수준으로 말할 수 있었다. 시험 성적은 단연 1등이었다. 그러나 사회에 나와보니 언어 능력은 시험 점수와는 완전히 달랐다. 나는 그저 공부만 잘하는 아이였던 것이다.

대학 졸업 후 외국계 기업에 입사할 수 있었는데, 이게 웬걸. 외국인을 마주하면 몸이 얼어붙고, 머릿속은 하얘지고, 하고 싶은 말은 입 밖으로 나오지 않았다. 머리로는 분명 알고 있는 단어와 문장인데 입술은 굳게 닫혔다. 땀이 나고 가슴은 답답해졌다. 그 순간마다 속으로 외쳤다.

'왜 말이 안 나오지?'

나는 그 누구보다 열심히 공부했다. 밤을 새워가며 문법을 외우고, 시험 문제를 풀고, 말하기 시험을 준비하며 살아왔는데, 왜 실제 상황에서는 아무것도 못 하는 사람이 되어버리는 걸까. 그 순간 깨달았다.

 '우리가 배워온 언어 교육은, 말하기 위한 공부가 아니었구나. 소통을 위한 언어가 아니라, 성적을 위한 기술이었구나.' 그 사실은 내게 큰 충격이자, 큰 아쉬움으로 다가왔다. 더 좋은 조건의 외국계 회사에 근무할 기회도 있었지만, 나는 스스로 회화가 어렵다는 걸 누구보다 잘 알고 있었기에 선뜻 도전할 수 없었다. 겉으로는 아무렇지 않은 척했지만, 마음 깊은 곳에는 늘 자신이 없었고 위축감이 들었다. 그렇게 나는 속마음과는 다르게, 겉으로만 잘 해내는 척하며 하루하루를 버텼다.

 심지어 은행에서 일할 때도 영어로 된 문서를 다뤄본 적은 있었지만, 실제로 외국인과 직접 소통한 기억은 거의 없었다. 그럴 때마다 마음속에 뭔가가 메말라가는 기분이 들었다. '내가 정말 필요한 능력을 갖추지 못하고 살아가고 있는 건 아닐까?'라는 질문이 오랫동안 따라다녔다. 그리고 그 질문은 결국, 내 아이의 교육을 다시 바라보는 계기가 되었다.

 '혹시 내 아이도 나처럼 말은 못 하면서 점수만 잘 받는 사람으로 자라고 있는 건 아닐까?'

 나는 내가 외고를 나오고 좋은 직장을 다녔으면서도 늘 부족하다고 생각했던 목마름이 있었기 때문에 내 아이는 나와 같은 후회를 하지 않기를 바랐고 정말 최선을 다해 아이를 지원했다. 나아가 학교에서는 학부모 회장으로 활동하며 내 아이뿐 아니라 내 아이가 속한 교육 커뮤니티까지 성심성의껏 챙겼다. 그렇게 나는 아이에게 어릴 때부터 다양한 것을 경험하게 해주고 싶었고, 스트레스를 풀 수 있는 취미도 병행할 수 있게 도와주고 싶었다. 유명하다는 학원들을 찾아다녔고, 교재를 비교하고, 예체능까지 빠짐없이 챙겼다. 영어는 기본이고, 수학은 사고력 중심으로, 미술과 음악도 시켰다. 심지어 승마도 시켜보았고, 수영은 해상 구조까지 가능한 대한 수영협회 2급 자격증까지 취득할 정도로 챙겼다. 엄마들 단톡방에 올라오는 정보는 마치 실시간 뉴스처럼 다가왔다. '지금 이걸 안 하면 우리 아이만 뒤처지는 건 아닐까?' 하는 불안감에 늘 쫓겼다. '이 학원은 진도가 빠르대', '저기는 중등 선행을 다 나갔대', '이 선생님은 수능 전문이래' 그런 말들이 내 귀와 머릿속을 맴돌았다.

입학 설명회, 체험 수업, 학부모 설명회. 어느새 내 일과는 아이의 성적과 진도에 따라 움직이고 있었다. 그렇게 하루하루를 바쁘게 보내고 있을 무렵, 어느 날 아이의 얼굴을 마주하게 되었다. 그 순간, 나는 알 수 있었다. 성적은 분명 올랐지만, 마음은 점점 텅 비어가고 있었다. 아이는 기뻐하지 않았고, 웃지 않았으며, 친구들과 어울리는 시간이 줄어들었다. 주말에도 피곤하다는 말을 반복하며 소파에 앉아 쉬기만 하려 했다. 나는 그 모습을 보며 묵직한 죄책감을 느꼈다.

나는 아이를 위해 최선을 다해 지원했다고 했지만, 정작 우리 아이는 무슨 감정을 느끼고 있었을까? 공부에 지쳐 책상에 엎드린 아이에게 나는 "우리 조금만 더 힘내자."라고 말했지만, 내 마음은 아려왔다. 그때부터 나는 아이의 성적이 아니라 표정을 보기 시작했다. 아침에 일어나는 모습, 학교에서 돌아온 얼굴, 한숨의 깊이, 말투의 무게. 그리고 나는 점점 더 뚜렷하게 느끼게 되었다. 이 방식은 분명 어딘가 잘못되어가고 있다는 것을. '지금 이대로는 안 되겠다. 성적보다 먼저, 우리 아이의 눈빛과 생기를 되찾아야 한다.'

나는 내 아이가 단순히 '잘하는 아이'가 아니라, '살아 있는 아이'가 되기를 바랐다. 아이가 자신을 표현할 줄 알고, 질문할 줄 알고, 틀리더라도 도전할 수 있는 환경 속에서 자라나기를 바랐다. 그게 진짜 배움이라고 믿었다. 그리고 그 믿음은, 내가 지금까지 알고 있던 교육의 패러다임을 바꿔야 한다는 결심으로 이어졌고 내가 먼저 다른 관점, 다른 시스템을 봐야겠다고 마음먹었다.

그 시작이 바로 '국제 학교'였다.

이 선택은 단지 학교를 바꾸는 것이 아니라, 내가 지금까지 당연하다고 여겼던 교육 방식 전체를 다시 써나가기 시작한 첫걸음이었다.

2

유학의 두려움, 이겨내다

　국제 학교에 대한 고민을 처음 시작했을 때, 가장 먼저 마주한 것은 바로 '두려움'이었다. 그 두려움은 단순히 새로운 나라에 가는 것에 대한 막연한 걱정이 아니었다. '유학'이라는 단어가 주는 무게감은 생각보다 컸다. 마치 '일반적인 길'에서 벗어난 선택, 기존 시스템에 대한 도전처럼 느껴졌다. 내가 그 선택을 고민할 때, 주변의 반응은 대부분 엇갈렸다. 아이를 위해 더 나은 환경을 찾겠다는 의지를 좋게 보는 사람도 있었지만, 많은 이들은 걱정과 우려 섞인 시선을 먼저 보냈다.

"거기 가면 돈 엄청나게 깨질 텐데, 그럼 그다음은 어떻게 할 건데?"
"거기서 적응 못 하면 어떡하려고?"

"말도 안 통하고, 혹시 왕따라도 당하면 어쩌려고 그래?"

"그럼, 한국 다시 돌아오면 학교는 어떻게 보낼 거야? 한국 교육이 얼마나 빠르게 바뀌는 줄 알아?"

"지금까지 모은 돈 다 쓰고 거기서 뭐 할 건데? 다시 일할 수는 있겠어?"

이런 말들은 비단 가족만의 반응이 아니었다. 가까운 친구, 지인, 심지어 학부모 모임에서 만난 사람들까지 비슷한 걱정을 쏟아냈다. 처음엔 '내 결정을 존중해주지 않는다'라는 생각에 서운하기도 했지만, 시간이 지나며 나는 그들의 반응 속에 담긴 '진짜 마음'을 볼 수 있었다. 그들은 나와 같은 고민을 해본 사람들이다. 그들도 한때 아이의 미래를 위해 더 나은 교육을 고민했고, 새로운 가능성을 상상해 봤던 사람들이다. 하지만 막상 '유학'이라는 단어 앞에서 선뜻 결단하지 못했던 이유는 바로 그 '두려움' 때문이다.

그 두려움은 현실적인 문제에서 시작됐다. 교육비, 생활비, 환율 변동 같은 금전적 부담, 말이 통하지 않는 환경에서의 고립감, 문화적 충돌과 예상치 못한 행정 절차들까지.

무엇보다, 내가 감당해야 할 모든 책임이 너무 크게 느껴졌고, 실패했을 때 어디서부터 다시 시작해야 할지 막막함이 컸다. 게다가 주변의 우려는 단순한 조언을 넘어, 내 선택을 이상하게 바라보는 시선으로 다가오기도 했다. 그런 시선 속에서 나는 '당당한 결정'을 지키기 위해 더 단단해져야 했다.

"다른 엄마들은 잘하고 있는데, 왜 굳이 유학이냐."라며 비교하거나,
"그렇게까지 안 해도 충분히 잘 클 수 있어."라는 말로 내 결심을 흔들기도 했다.
심지어 어떤 이들은 "엄마 욕심이 너무 큰 거 아니야?"라며 나의 진심을 의심했다.

그들의 우려를 전부 무시할 수는 없었다. 나도 걱정이 되긴 했다. 아이가 외국에서 적응하지 못하고 힘들어하면 어쩌나, 내가 낯선 환경에서 아이만큼이나 불안해하면 어쩌나, 돌아와야 하는 상황이 오면 과연 우리는 다시 한국 교육에 잘 안착할 수 있을까? 그리고 무엇보다 현실적인 걱정은, 바로 '돈'이었다. 말레이시아 국제 학교의 학비는 연간 수천만 원. 거기에 생활비, 보험료, 대여비까지 고려하면 한국에서보다 훨씬 큰 비용이 드는 건 분명했다. 더욱이 가디언 비자의 특성상 합법적으로 수입을 만들 수 없으므로, 나의 경제

활동은 제한적일 수밖에 없었다.

'정말 괜찮을까?'
'이 결정을 위해 우리 가족이 감당해야 할 희생이 너무 크지 않을까?'

하지만 나는 멈출 수 없었다. 왜냐하면 나에게 더 큰 두려움은 '실패'가 아니라 '후회'였기 때문이다.
'그때 한 번 해볼걸….'
'아이 어릴 때 다른 세상을 보여줄 기회를 왜 그때 놓쳤을까….'
그런 후회를 10년, 20년 후에 안고 살게 될까 봐 더 두려웠다. 나는 아이에게 '결과'보다 '경험'을 안겨주고 싶었다. 언어의 다양성, 문화의 차이, 자기를 표현하는 힘, 틀릴 수 있는 용기. 그런 것들이 시험 성적보다 훨씬 더 중요한 자산이 될 수 있다는 것을 내 삶에서 이미 경험했기에, 아이에게는 조금 더 빠르게, 조금 더 자유롭게 그 세상을 맛보게 해주고 싶었다.

반대와 걱정 속에서도, 나는 조용히 준비를 시작했다. 학교 정보를 수집하고, 커리큘럼을 비교하며, 말레이시아라는 국가에 대한 자료를 하나씩 모았다. 마음은 여전히 불안했지만, 동시에 설레었다. 새로운 길을 여는 것만으로도 숨통이 트이는 느낌이었다. '유학'은 모험이 아니라, '가능성'의 다른 이름이었다. 그것은 우리가 꼭 성공하기 위해서가 아니라, 아이와 나의 삶을 새롭게 디자인하기 위한 하나의 시도였다. 이 길 끝에 어떤 결과가 오든, 우리는 함께 성장할 수 있다면 그걸로 충분하다. 나는 그렇게 생각하며, 단호하지만 담담하게 이 여정을 시작했다.

3

결과보다 과정을 존중하는
말레이시아 국제 학교 교육

 처음 말레이시아 국제 학교에 도착했을 때, 가장 먼저 느낀 건 '다름'이었다. 아이가 교실 문을 열고 들어서는 순간부터, 전혀 다른 문화와 색깔이 나를 반겼다. 같은 공간 안에서 피부색, 머리 색, 말투, 종교, 식사 방식까지 다른 아이들이 모여 자연스럽게 어울리는 모습을 보고, 나는 말없이 감동했다. 이 다름이, 이질감이 아닌 '존중'이라는 문화를 통해 하나가 되는 모습. 그건 한국 교육에서 쉽게 볼 수 없는 풍경이었다.

 아이의 담임 선생님은 말레이시안이었고, 수학 선생님은 인도계 말레이시안, 영어 선생님은 영국 출신, 미술 선생님도 영국 선생님이었고, 체육 선생님 역시 인도계 말레이시안 선생님과 영국 선생님 두 분이었다. 각각 다른 국적과 배경을 가진 선생님들이, 하나의 커리큘럼 안에서 서로를 존중하며 조화를 이루고 있었다. 그 안에서 아이는 자연스럽게 '다양성'을 배울 수 있었다. 한국에서는 외국인을 보면 '특별한 사람', '낯선 사람'으로 인식되는 경우가 많았다. 하지만 이곳에서는 외국인이 곧 '일상'이었다. 친구 이름만 봐도 알 수 있다. 루카스, 니하, 진, 샤헤라, 하산, 아나스타샤, 케빈… 전 세계에서 온 아이들이 한 교실에 앉아 서로의 문화를 배우고 있었다. 이곳에서는 누구도 "너희 나라는 왜 그래?"라는 질문을 하지 않는다. 대신 "너희 나라는 그런 전통이 있구나!"라는 호기심을 표현한다. 아이는 자연스럽게 각국의 문화와 음식, 종교적 예절 등을 배우며 '나와 다른 존재'를 존중하는 방법을 배워간다.

많은 말레이시아 국제 학교 엄마들이 공통으로 말하는 것이 있다. "여기서는 아이가 스스로 자라난다"라는 것. 즉, 외부에서 무언가를 억지로 주입하기보다, 다양한 자극 속에서 아이 스스로가 '나'를 찾고, '타인을 이해하는 힘'을 길러간다는 의미다. 또 하나 인상 깊었던 점은 선생님들과의 관계였다. 말레이시아 국제 학교에서는 '선생님 = 권위'가 아닌, '선생님 = 협력자'로 인식된다. 학부모와의 소통은 한 방향이 아닌 쌍방향이며, 아이에 대한 피드백 역시 단순히 성적표로 전달되지 않는다. 매월 열리는 커피 모닝, 오픈 클래스, 포트폴리오 프레젠테이션 등을 통해, 학부모는 아이의 성장 과정을 직접 보고 듣고 참여할 수 있다. 특히 인상 깊었던 일화가 있다. 한 학기를 마치고 성적표를 받아보았을 때, 중국어 과목에는 빨간 글씨로 '경고' 표시는 있었지만, 점수란은 비어 있었다. 처음엔 걱정스러웠지만, 이후 아이를 통해 듣게 된 선생님의 설명에 깊이 감동 받았다.

"중국어가 모국어가 아닌 친구들이 대부분인 상황에서, 단 3개월 수업을 기반으로 점수를 매겨 평가하는 것은 옳지 않다고 판단했습니다. 여러분은 이제 막 도전을 시작한 단계입니다. 이건 평가가 아니라, 가능성의 문을 여는 과정입니다. 그래서 점수는 기재하지 않았습니다. 대신 여러분이 보여준 노력은 모두 표시해 두었고, 그 정성과 태도는 최고로 인정합니다. 옆에 기재된 발전 가능성 지표는 여러분이 앞으로 해낼 수 있다는 선생님의 믿음입니다. 우리는 여러분을 점수로 판단하지 않습니다. 우리는 여러분의 성장 가능성을 항상 응원합니다."

그 이야기를 듣고 아이는 눈을 반짝였다. '못 했다'가 아닌, '성장 중이다'라고 받아들일 수 있었기 때문이다. 나 역시 학부모 상담을 통해 이 내용을 전해 들었을 때, 가슴이 뭉클했다. 이것이 바로 교육이 아닐까? 아이의 현재가 아니라 가능성을 보고 기다려주는 교육 말이다. 그 철학이 너무도 따뜻하고 깊이 있게 느껴졌다. 이 과정에서 부모로서의 나 또한 변화했다. 이전에는 성적표의 숫자만으로 아이를 판단하려 했지만, 지금은 아이의 눈빛, 질문하는 방식, 발표하는 태도에서 진짜 성장을 본다. 무엇보다 '틀리는 것에 대한 두려움'을 내려놓게 된 것이 가장 크다. 한국에서라면 아이가 질문하거나 답이 틀렸을 때 창피함을 느끼기 쉬웠지만, 이곳에서는 질문하는 아이가 '멋진 아이'로 평가받는다. 발표를 잘 못해도 모두가 박수를 보내주고, 틀린 답이더라도 "좋은 시도였어!"라고 격려해 준다.

 이런 환경 속에서 아이는 눈에 띄게 달라졌다. 처음에는 어색해하던 아이가, 어느새 친구들과 자연스럽게 대화하고, 다양한 나라의 문화를 궁금해하고, 심지어는 집에서 나에게도 이런 말을 했다.

"엄마, 나중에 중국 친구, 일본 친구 집에 놀러 가보고 싶어."
"엄마, 이 친구는 힌두교래. 그래서 이런 음식은 못 먹는데, 대신 이런 거를 먹더라고!"

이건 단순한 어학연수가 아니다. 아이는 지금 '세계 시민'으로 성장하고 있다. 언어, 문화, 소통, 존중, 표현… 그 모든 것이 함께 어우러진 교육 환경 속에서, 아이는 경쟁이 아니라 '이해와 협력'을 배우고 있다. 말레이시아 국제 학교의 또 다른 특징은 비교적 유연한 커리큘럼이다. 아이의 특성과 수준에 따라 그룹을 나누어 수업을 진행하기도 하며, 아이가 어려움을 느끼는 과목에 대해서는 ELL(English Language Learner Test) 등의 별도 보조 프로그램을 제공한다. 이 모든 과정에서 엄마인 나도 같이 성장하고 있다. 아이와 함께 다문화 수업에 참여하고, 다른 엄마들과 나누는 이야기에서 위로를 받으며, '엄마로서의 틀'에서 벗어나고 있다. 내가 생각했던 '좋은 교육'의 정의가 이렇게 바뀔 줄은 몰랐다.

말레이시아 국제 학교에서의 시간은 단순한 교육의 경험이 아니었다. 그것은 우리 삶의 방향을 새롭게 열어주는 힘이 되었다. 아이의 가능성은 교실 안에서만 자라는 것이 아니었다. 다문화 친구들과 함께 웃고, 배우며, 매일 학교에서 돌아오는 아이의 얼굴에서 나는 확신을 얻었다.

이제 더 이상 '유학'이라는 단어에 두려움을 갖지 않는다. 그보다는, 이 기회가 얼마나 소중한지를 매일 새롭게 느끼고 있다. 이곳은 아이의 가능성이 열리는 장소이자, 엄마인 나의 시야가 넓어지는 곳이다. 우리는 지금, 그 변화의 한가운데에 서 있다.

4

엄마도 교육 파트너,
국제 학교의 소통 문화 체험기

국제 학교는 대부분 한국의 교실 운영 방식과는 완전히 다르다. 한 교실에서 모든 수업이 진행되는 것이 아니라, 과목마다 정해진 교실이 있어 매시간 이동해야 한다. 1층에 있는 사물함에서 필요한 물건을 챙긴 후 최대 6층까지 이동하며 수업을 듣는 방식이다. 그런데 수업마다 필요한 책을 매번 가지러 내려갈 수 없으므로 대부분의 아이들은 전 과목의 책들과 노트북, 물통 등을 모두 가방에 담아 이동한다. 그 무게는 상상 이상이다. 낯선 환경에서 영어 수업도 익숙하지 않은데 무거운 짐까지 더해지니 첫날부터 아이는 큰 심리적 부담을 느낄 수밖에 없었다.

실제로 아이는 "엄마, 도저히 모르겠어. 무슨 말인지도 모르겠고, 수업이 끝나면 다음 교실을 어디로 가야 할지도 헷갈려."라고 하며 집에 오면 엉엉 울었다. 또래 친구 중에도 복도 한가운데에 서서 우는 아이들이 있었다고 했다. 우리 아이는 그 모습을 보며 스스로 눈물을 참기 위해 두 주먹을 꼭 쥐고 하늘을 바라보며 울음을 삼켰다고 했다. 그만큼 처음은 쉽지 않았다.

나는 아이의 담임 선생님께 메일을 드렸다. 혹시 아이가 학교 교실을 찾는 걸 도와줄 수 있는 친구가 있을지 그리고 아이가 점심시간에 혼자 있지는 않을지 걱정된다고 말이다. 그 메일에 담임 선생님은 즉시 응답해 주셨고, 아이에게 두 명의 버디 친구를 붙여주셨다. 한 명은 교실을 찾아갈 수 있도록 도와주는 친구, 한 명은 간식 시간과 점심시간에 함께 시간을 보내는 친구였다. 선생님의 세심한 배려는 아이의 적응에 큰 힘이 되었고, 그 후 아이는 조금씩 학교에 익숙해졌다. 아이에게 친구가 생기기 시작했고, 수업이 끝난 후 복도에서 손을 흔드는 아이들의 모습이 점점 많아졌다. 아이도 자연스럽게 활짝 웃는 시간이 많아졌고, 국제 학교라는 새로운 환경 속에서도 '연결'이라는 희망의 실마리를 잡을 수 있었다.

하지만 적응 과정은 항상 순탄한 것만은 아니었다. 아이는 처음에 CCA 활동으로 농구를 신청했다. 사실 운동을 즐기는 성격은 아니었지만, 운동을 통해 친구들과 가까워질 수 있지 않을까 하는 기대감에서 선택했다. 그러나 농구 수업에는 중국 친구들이 대부분이었고, 그 친구들 역시 영어가 서툴렀다. 서로 말이 잘 통하지 않으니, 아이는 공을 만지고만 있고, 상호 작용 없이 한 시간을 버티기 일쑤였다. 그 시간은 아이에게 힘든 경험이었고, 결국 나는 담임 선생님과 CCA 선생님께 상황을 설명해 드렸다. 선생님들의 답변은 따뜻했다.

"지금은 아이가 학교에 적응하는 것이 가장 중요하니, CCA는 잠시 쉬어도 괜찮습니다. 아이가 원할 때 언제든 다시 참여할 수 있어요. 걱정하지 마세요, 저희가 잘 도와드릴게요."

그 말에 아이도, 나도 안심할 수 있었다. 무조건 참여를 강요하지 않고, 아이의 상태와 감정을 먼저 배려해 주는 태도는 정말 감동적이었다. 이 학교는 단순히 다양한 국적의 선생님들이 모여 있는 공간이 아니었다. 각기 다른 배경을 가진 사람들이 모여, 서로를 배려하며 공존하는 문화를 직접 실천하는 현장이었다. 다름을 존중하는 분위기, 서로 이해하려는 태도, 그리고 무엇보다 아이의 관점에서 먼저 생각해 주는 시스템이 참 좋았다.

또 하나의 소통 장은 바로 '커피 모닝'이다. 한국의 학부모

총회나 회의는 간식과 음료가 정성스럽게 준비되어 일종의 '행사'처럼 느껴지곤 했지만, 이곳의 커피 모닝은 훨씬 실용적이고 격식 없다. 처음에는 우리도 "커피는 어디 있지? 사서 마셔야 하나?" 하고 웃기도 했지만, 매주 마련되는 이 커피 모닝이야말로 학교와 학부모 간의 진정한 소통의 장임을 느낄 수 있었다.

이 자리를 통해 학부모는 자녀의 수업 방식, 수업 분위기, 선생님의 교육 철학 등을 직접 듣고 의견을 나눌 수 있다. 때로는 아이들의 포트폴리오가 함께 전시되어, 학부모는 자녀의 성장 과정을 눈으로 보고 느끼며 질문할 기회를 얻게 된다. 단순히 결과를 보는 것이 아닌, '과정'을 중심으로 한 피드백이 오간다.

나 역시 매번 이 자리에 빠지지 않고 열심히 참여한다. 하지만 한국 학부모를 위한 통역이나 자막이 제공되지 않다 보니, 온 힘을 다해 집중해야 한다. 답답한 마음에 화면을 찍어와 집에서 번역해보며 복습하기도 했다. 영어 듣기에 큰 어려움은 없지만, 더 깊이 묻고 싶은 순간마다 속이 꽉 막히는 듯한 느낌을 받는다. 그런 답답함이 오히려 나를 다시 공부하게 만들었다. 월·수·금에는 영어, 화·목·토에는 중국어를 공부한다는 나만의 원칙을 꾸준히 실천하고 있다. 아이 친구 엄마들과 자연스럽게 소통하기 위해, "어제보다 한 단어라도 더 알아가자"는 마음으로 회화 강의, 인터넷 수업 등을 병행하고 있다. 물론 두 언어 모두 모국어가 아니다 보니 여전히 어렵지만, 그렇게 두 언어를 번갈아 사용하며 학교와의 소통을 이어가고 있다. 완벽하지 않아도 궁금한 점은 번역기를 활용해 메일로 문의하고, 선생님의 답변도 번역기를 통해 꼼꼼히 이해하며 적극적으로 소통하고 있다. 소통하려는 의지만 있다면, 방법은 충분히 있다는 것을 이 과정을 통해 절감하게 된다. 다른 엄마들도 구글 번역기를 활용해 상담 신청을 하거나, 상담 시간에 번역기로 선생님과 대화를 나눈다. 놀라운 건, 선생님들 역시 이 상황을 자연스럽게 받아들이고, 직접 번역기를 켜서 설명을 이어간다는 점이다. 그 따뜻한 배려는 부모의 긴장을 한껏 덜어주며, '우리는 연결되어 있다'라는 신뢰감을 심어준다.

국제 학교에서의 첫 학기는 아이에게도, 나에게도 도전의 연속이었지만, 그 안에서 만난 교사들의 배려와 친구들의 따뜻함, 그리고 학교의 유연하고 열린 소통은 우리가 낯선 환경 속에서도 웃을 수 있게 해주었다. 문화와 언어, 환경이 모두 달라도, 결국 사람과 사람 사이의 진심은 통한다는 것을 다시금 깨달은 시간이었다.

Chapter 2

국제 학교 준비 A to Z

부모가 꼭 알아야 할 현실 정보

1

IB, 케임브리지, 미국식 커리큘럼 비교

 말레이시아 국제 학교를 준비할 때 가장 먼저 부딪히는 선택의 갈림길은 '커리큘럼'이다. 많은 부모가 "어느 커리큘럼이 더 좋나요?"라고 묻곤 하지만, 사실 중요한 건 '우리 아이와 맞는 교육 방식은 무엇인가'이다.

 IB(International Baccalaureate)는 '탐구 중심', '비판적 사고', '글로벌 시민의식'을 강조한다. 에세이와 프로젝트가 많고, 정답을 고르는 것보다 '왜 그렇게 생각했는지'를 더 중요하게 평가하는 커리큘럼이다. 자기 주도적인 학습 태도를 가진 아이에게 잘 맞는다. 전 세계 대부분의 상위권 대학(영국, 미국, 유럽, 홍콩 등)에서 IB 프로그램을 매우 신뢰하고 있으며, 아이비리그, 옥스브리지, 캐나다 명문대 진학을 고려하는 경우 특히 유리하다. 단, 학습량이 많고 프로젝트

비중이 크기 때문에 시간 관리 능력이 필요하다.

케임브리지(Cambridge International)는 상대적으로 '시험 중심'이며, 명확한 커리큘럼 흐름이 있다. 과목별 실력 향상을 구체적으로 체감할 수 있어서 성취감을 느끼기 좋지만, IB보다 자유로운 탐구 활동은 적은 편이다. A-Level로 이어지며 영국권 대학 진학에 최적화되어 있다. 시험형 학습에 익숙하고 성실한 학생에게 적합하며, 학업 목표가 명확한 아이들에게 추천한다.

미국식 커리큘럼은 비교적 자유롭고 과목 선택의 폭이 넓으며, 수업 분위기가 덜 경직돼 있다. 예체능이나 프로젝트 기반의 수업도 활발하며, 개별 활동을 중시하는 경우가 많다. GPA, SAT, ACT, AP 등 외부 시험과 내신이 대학 입시에 직결되며, 비교과 활동도 중요한 평가 요소다. 창의력과 자율성을 중요시하는 아이에게 적합하다.

처음 유학을 준비할 때, 나 역시 유명하다는 학교 몇 군데만 검색해서 무조건 '좋다'는 평가를 중심으로 알아보았다. 네이버나 블로그에서 쉽게 찾아볼 수 있는 정보들만을 기준

삼아 초반에는 선택의 폭이 좁았다. 하지만 시간이 지날수록 다양한 학교가 존재한다는 사실을 알게 되었고, 무엇보다 혼자서 입학 과정을 비교하고 결정하는 것이 생각보다 훨씬 어렵다는 것도 느끼게 되었다. 그래서 나는 유학원의 도움을 받기로 결심했다. 막상 학교를 방문하고, 입학 과정까지 직접 마무리한 학부모들도 있었지만, 나처럼 유학원을 통해 온 분들도 꽤 많았다. 신기했던 건, 내가 친하게 지내는 엄마 중에 겹치는 유학원이 없었다는 사실이다. 그만큼 유학원이 많고 유학을 준비하는 사람들이 많다는 의미이기도 하다. 유학원을 선택할 때도 주의할 필요가 있다. 이주 이후, 몇몇 유학원을 택한 부모에게서 불만이 흘러나오거나 법적 분쟁으로 이어진 경우도 보았다. 나는 참 감사하다. 회사 일과 학부모 회장 일, 말레이시아 이주 준비까지 동시에 해야 해서 참 바쁘고 힘들었는데, 유학원에서 내가 놓칠 수 있었던 행정 절차나 학교 관련 준비를 세심하게 챙겨주었기 때문이다.

무엇보다 내가 정해놓은 몇 군데의 후보 학교 중에서, 유학원에서 우리 아이의 성향과 내 교육 철학에 가장 잘 맞는 학교를 추천해 주었고, 그 선택은 지금 돌아봐도 참 탁월했다고 느낀다. 이름이 알려진 명문 학교보다는, 우리 아이에게 정말 맞는 학교가 더 좋은 선택이 될 수 있다는 사실을 몸소 경험한 셈이다. 한국인들이 많이 다니는 학교들도 물론 인기 있다. 하지만 나는 한국인 비율이 너무 높은 학교보다는, 다양한 국적의 친구들과 어울리며 아이의 사회성과 문화 감수성이 더 성장할 수 있는 환경을 원했다. 그래서 얼마나 유명한가보다는 우리 아이에게 맞는가를 기준으로 삼아 결정했다. 사람마다 원하는 교육 방향이 다르기에 어떤 선택이 옳다, 틀리다 할 수는 없다. 하지만 분명한 건, 유명한 학교가 꼭 좋은 학교는 아니다. 좋은 학교는 우리 아이에게 맞는 학교다. 유학을 준비하는 분들에게 꼭 말씀드리고 싶은 건 다음과 같다. 먼저 아이의 성향을 잘 살펴보고, 그에 따라 캐나다, 미국, 영국 중 어떤 교육 철학이 맞는지를 판단한 뒤, 커리큘럼을 선택하는 것이 좋다. 그리고 그 커리큘럼을 바탕으로 학교를 비교하고 결정하는 순서를 추천한다. 어딜 가든, 결국 아이의 태도와 노력이 가장 큰 영향을 준다. 학교는 그걸 도와주는 배경일 뿐이다. 이 진심만 잊지 않는다면, 어떤 선택도 후회로 남지 않을 것이다.

Tips

- IB → 글로벌 명문대 지망, 자기 주도·토론형 아이에게 추천
- 케임브리지 → 영국·싱가포르·말레이시아 대학 목표, 성실한 시험형 아이에게 추천
- 미국식 → 미국·캐나다 진학, 자유로운 학습 환경과 개성 강조형 아이에게 추천

2

인터뷰, ELL 통과 팁 등
실질적 입학 준비

국제 학교 입학을 준비하며 많은 부모가 긴장하는 순간 중 하나는 바로 입학 인터뷰와 ELL 테스트(English Language Learner Test)다. 한국에서처럼 시험 점수로만 입학 여부가 결정되는 것이 아니라, 언어 능력과 아이의 성향, 의사소통 능력까지 종합적으로 평가하기 때문에 어떻게 준비하느냐에 따라 결과가 달라질 수 있다.

우리 아이가 입학할 당시에는 CAT4 시험을 본 후, 화상 인터뷰를 진행했다. CAT4는 아이의 인지 능력, 언어 이해력, 수리 사고 등을 평가하는 기본 진단 테스트였고, 그 뒤 이어진 회화 면접에서는 처음에는 간단한 영어 자기소개, 가족, 취미, 좋아하는 음식 등에 대해 이야기를 나누었다. 그런데 선생님이 아이의 영어 실력을 파악하신 후에는 더 깊이 있는 질문들을 하셨다.

선생님과 아이의 대화 내용을 잠시 소개한다.

"너의 꿈은 뭐니?"

"제 꿈은 UN에 입사하는 거예요. UN에서 평화와 관련된 일을 하고 싶어요. 제 증조할머니께서는 13살 때 북한에 살고 계셨는데, 전쟁이 나면서 남쪽으로 피난을 오셨어요. 가족과 헤어져서 어머니, 아버지, 형제자매들과 평생 다시 만나지 못하셨어요. 이산가족 찾기 프로그램에 매년 신청하셨지만 끝내 가족을 다시 만날 수 없었고, 얼마 전 돌아가셨어요."

"왜 그 꿈을 갖게 되었니?"

"그 이야기를 들으며 저는 전쟁이 가족을 갈라놓고, 사랑하는 사람을 그리워하다 생을 마감하게 만든다는 것이 너무 가슴 아팠어요. 최근 뉴스에서 러시아와 우크라이나의 전쟁을 보며, 아이들이 죽고 가족을 잃는 장면이 나왔을 때도 너무 슬펐습니다. 그래서 저는 전쟁 없이 모두가 평화롭게 살아갈 수 있도록, UN에 들어가 그런 사람들을 돕고 싶다고 생각했어요."

"너에게 조금 어려운 질문일 수 있어. 그런데 너의 이야기를 듣고 나니 너무 궁금해져서 물어보고 싶었어. 혹시 그 분야에서 필요한 능력은 무엇일까?"

"UN에서 일하려면 단순히 영어를 잘하거나 공부만 열심히 한다고 되는 게 아니라고 생각해요. 다양한 문화와 배경을 이해하는 포용력, 서로 다른 의견을 조율하는 능력, 상대방의 입장에서 생각하는 공감력, 그리고 문제를 해결하기 위한 리더십이 꼭 필요하다고 생각해요. 저는 학교에서 친구들과 함께 프로젝트를 하거나 발표를 준비할 때, 그런 능력들을 조금씩 배우고 키워가고 있다고 생각해요."

이처럼 아이의 진심이 담긴 이야기에 선생님도 깊은 인상을 받으셨고, 대화형 면접은 자연스럽게 아이의 진로관, 사고력, 의사 표현 능력까지 확인할 기회가 되었다. 그리고 인터뷰 말미, 선생님께서는 이렇게 말씀해 주셨다.

"와! 우리 학교에 이렇게 멋진 친구가 입학하게 됐다는 사실에 기쁘고 감사해요. 이런 인터뷰를 했다는 것 자체가 정말 인상 깊고 멋지다고 생각해요. 우리 학교에 미래 UN 평화단에 근무하게 될 멋진 친구가 오게 되어 감사하고, 진심으로 환영합니다. 학교에서 꼭 만나서 인사해요!"

그 따뜻한 인사에 우리 아이는 긴장감이 눈 녹듯 사라졌고, 우리는 인터뷰를 마친 뒤 행복한 마음으로 학교의 입학 소식을 기다릴 수 있었다.

ELL 테스트의 경우, 읽기, 쓰기, 듣기, 문법 등 전반적인 영어 능력을 평가하는 시험이다. 학교마다 난이도나 형식이 조금씩 다르지만, 아이가 실제 수업을 따라갈 수 있는지를 판단하는 기초 자료로 활용된다. 영어 실력이 부족한 경우, 입학은 가능하더라도 ELL(영어 집중반) 수업을 일정 기간 병행하게 된다. 우리 아이도 입학 직후 1학기 동안은 ELL 수업을 함께 들었다. 대화는 충분히 가능하나, 학문적인 용어들을 배워야 하니 필수 과정이라고 하셨다.

말레이시아처럼 다양한 언어권 아이들이 함께 생활하는 환경에서는 영어를 잘한다는 기준보다는 얼마나 이해하고 적응할 수 있는가를 더 중요하게 여긴다. 따라서 부모가 지나치게 결과에만 신경 쓰기보다는, 아이가 언어를 통해 소통하는 힘을 키우도록 응원해주는 것이 더 큰 도움이 된다. 그리고 마침내, 우리 아이는 학교에 다닌 지 두 달 만에 학교로부터 너무도 반가운 소식을 받게 되었다. 담당 선생님께서 메일을 통해 이렇게 말씀해 주셨다.

"아이의 영어 실력이 눈에 띄게 향상되고 있습니다. 앞으로 한 달 정도 더 지켜볼 예정이지만, 이번 학기 내로 ELL 수업을 패스할 수 있을 것 같습니다. 가정에서도 많은 지원을 해주심에 감사드립니다."

그 문장을 읽는 순간, 나는 눈물이 핑 돌았다. 말로 다 표현할 수 없을 만큼 기쁘고 감격스러운 순간이었다. 사실 나는 아이의 학비를 내 힘으로 벌어 납부하고 있다. 적지 않은 금액의 국제 학교 학비는 부담이 되지만, 아이가 이 학교에 처음 입학할 때 내게 했던 말이 있었다.

"엄마, 이렇게 좋은 학교를 보내주셔서 감사해요. 제가 엄마 아빠에게 효도할 방법은 공부를 열심히 해서 ELL 과정을 빨리 패스하고, 학비 부담을 조금이라도 덜어드리는 거예요."

그리고 아이는 그 약속을 지켰다. 매일 저녁 15~20개의 단어를 암기하고, 그날 배운 내용을 복습하며, 유명한 유튜브 영어 강의를 틀어 놓고 따라 말하고 받아쓰기를 반복했다. 영어책을 소리 내어 읽고, 모르는 단어는 메모해서 사전을 찾았으며, 틀려도 부끄러워하지 않고 끊임없이 말해보려고 노력했다. 단어장이 책상 위에 항상 놓여 있었고, 노트북에는 영어 문장이 붙어 있었다. 어떤 날은 눈을 비비며 "엄마, 오늘은 단어 다섯 개만 더 외우고 잘게요."라고 말하던 아이의 모습은 지금도 내 가슴을 뭉클하게 만든다. ELL을 패스했다는 그 말은 단지 수업을 옮긴다는 의미가 아니었다. 그것은 아이가 낯선 환경에서 적응했고 성장했다는 증거였고, 내게는 무엇과도 바꿀 수 없는 최고의 선물이었다. 아이는 진심으로 최선을 다했고, 그 노력이 결실을 본 것이다. 나는 아이가 너무 자랑스럽다.

ELL을 준비하는 다른 부모님들께 말씀드리고 싶다. 학교 수업만으로는 부족하다. 집에서의 반복 학습과 실전 적용이 정말 중요하다. 아이가 영어를 많이 말하고, 듣고, 쓰고, 외우는 훈련을 꾸준히 해야 한다. 틀리더라도 스스로 문장을 만들어보고, 단어를 암기하고, 영어로 질문하고 대답하는 연습을 일상화해야 한다. 습관이 실력을 만든다.

Tips

① 학교별 입학 기준과 일정 정확히 파악하기
   입학 전 인터뷰, CAT4 시험, 영어 레벨 테스트(ELL 등), 포트폴리오 제출 여부 등을 미리 점검한다. 학교마다 필요한 서류와 입학 시점이 조금씩 다르니, 원하는 입학일 기준 최소 3~6개월 전부터 준비해야 안정적이다.

② 아이의 영어 능력 진단 & 사전 학습

인터뷰에서 가장 중요한 건 '유창함'보다 '소통하려는 태도'다. 단순 문장 구조라도 일상적인 질문에 자기소개, 가족, 취미, 학교생활 등을 자연스럽게 말할 수 있도록 연습하면 좋다. ELL 입학이 불가피하다면, 입학 전부터 단어 암기, 영어 듣기 및 말하기 연습을 꾸준히 해두면 진도에 빠르게 적응할 수 있다.

③ 자기소개와 인터뷰 질문 대비하기

"What is your dream?", "Tell me about your family.", "Why do you want to study in our school?" 등 자주 나오는 질문을 미리 나열해서 아이와 함께 대화하는 형식으로 연습해 보자. 아이의 진짜 생각과 경험을 토대로 스토리텔링을 만들면 면접관에게 더 깊은 인상을 줄 수 있다.

④ 부모의 준비도 중요하다

입학 전 학교 측과 소통할 일이 많으므로, 부모의 영어 메일 작성이나 간단한 회화 정도는 미리 익혀두는 것이 좋다. 질문을 명확히 정리하고, 유학원 또는 번역기를 활용해서 이메일을 자주 주고받아 보면 실전에서도 당황하지 않게 된다.

⑤ 지원서 작성 시 주의할 점

학교에 따라 온라인 지원 시스템이 다르며, 지원서 작성 후 인터뷰 일정 안내까지 시간이 걸릴 수 있다. 아이의 특기나 장점, 학교에 입학하고자 하는 이유 등을 진심을 담아 작성하면 플러스 요인이 된다.

⑥ 예비 학습 자료 활용

YouTube, BBC Learning, Raz-kids 등 유용한 영어 학습 콘텐츠를 입학 전 활용해 보자. 특히 듣기-말하기-읽기-쓰기의 4가지 영역을 골고루 연습할 수 있도록 균형을 맞춰주는 것이 좋다.

입학 준비는 단순히 '학교에 들어가는 것'이 아니라, 새로운 문화와 환경에 스스로 적응해 나갈 준비를 시작하는 출발선이다. 아이도, 부모도 함께 준비하고, 열린 자세로 마주할 수 있다면, 국제 학교 생활의 첫 단추는 이미 잘 끼워진 셈이다.

3

학비, 월 생활비, 지역별 주거 환경 비교

 국제 학교 유학을 준비하면서 많은 부모들이 가장 현실적으로 궁금해하는 부분 중 하나는 바로 생활비 부분이다. 말레이시아 유학은 한국보다 비교적 저렴한 학비와 생활비가 장점으로 꼽히지만, 실제로 어느 정도의 비용이 드는지는 지역과 선택하는 생활 방식에 따라 천차만별이다. 지역별 대표 국제 학교 밀집 지역 6곳을 아래와 같이 소개한다.

① 몽키아라(Mont Kiara)
국제 학교: GIS, Mont Kiara International School 등
월세: 3룸 기준 약 120~150만 원 (더 비싼 곳도 많음)

장점:
고급 콘도, 외국인 밀집 지역

영어 사용 환경 익숙

외국인·한국인 커뮤니티 활발

교통·편의시설 발달

단점:

월세와 생활비 높음

차량 밀집으로 교통 체증 심함

② 수방(Subang Jaya) / 선웨이(Sunway)

(※ 저는 이 지역에 살고 있습니다.)

국제 학교: Sunway International School, Kingsley 등

월세: 3룸 기준 약 120~170만 원 (RM 3,800~6,500)

장점:

교육 기관 밀집

물가 안정, 한국 마트·병원 접근성

가족 단위 거주에 적합

단점:

몽키아라에 비해 외국인 밀집도 낮음

※ 실제 생활비 (저자의 사례)
월세: 약 150만 원 (RM 4,500)
차량 렌트비: 약 50만 원 (RM 1,600)
전기세: 약 13~15만 원 (에어컨 사용량 따라 차이)
주유비: 약 6~7만 원
식비 및 기타 생활비: 약 80~100만 원
총합 평균: 약 300~320만 원 (학비 제외)

③ **사이버자야(Cyberjaya)**
국제 학교: elc, King Henry VIII 등
월세: 3룸 기준 90~140만 원

장점:
IT 신도시, 최신 아파트
조용하고 한적한 분위기
집값 저렴

단점:
도심과 거리 있음
외국인 커뮤니티 작음

교통 불편

④ **샤알람(Shah Alam), 세팡(Sepang)**
국제 학교 일부 있지만, 로컬 중심

장점:
렌트비와 생활비 저렴
자연환경 좋고 주거 공간 넓음

단점:
국제 학교 선택 폭 좁음
차량 필수

⑤ **조호바루(Johor Bahru)**
국제 학교: Marlborough College Malaysia, Raffles American School 등
월세: 3룸 기준 100~160만 원

장점:
싱가포르와 국경 인접 (접근성 좋음)

교육비, 생활비 저렴
외국계 기업 취업 용이

단점:
쿠알라룸푸르 중심 커뮤니티와 거리감 있음
일부 치안 문제

⑥ 이포(Ipoh)
국제 학교 수 증가, 조용한 중소 도시
월세: 3룸 기준 70~100만 원

장점:
생활비 매우 저렴
자연 친화적 / 조용한 생활 선호자에 적합

단점:
국제 학교 선택의 폭 좁음
영어 환경 조성 다소 부족

⑦ 페낭(Penang)

말레이시아 북서부 섬 지역. 관광 도시이자 교육 도시로 주목받는 곳입니다.

국제 학교:

Prince of Wales Island International School (POWIIS)

The International School of Penang (Uplands)

Tenby International School Penang

월세: 3룸 기준 80-130만 원 (RM 2,500~4,000)

장점:

조용하고 여유로운 분위기

바닷가와 자연환경 우수

생활비 저렴, 휴양지와 생활의 병행 가능

단점:

수도(KL)와 거리 멂

일부 지역 교통 불편 / 한국 시설 접근성 낮음

외국인 커뮤니티 규모 작음

※ 페낭 추천 가족 유형

유치~초등 자녀, 정서 안정과 자연 중심의 교육 원하는 경우

부모가 재택근무 또는 프리랜서

해안 도시의 조용한 삶을 원하며 생활비 절약 원하는 경우

최근에는 초등은 페낭 → 중고등은 KL로 전학하는 전략을 활용하는 가정도 있음

Tips

- 학교까지 거리: 차량 20분 이내 권장
- 교통 체증 여부: 출퇴근 시간 도로 상황 확인 필수
- 한국 마트, 병원, 학원 등 인프라 접근성 고려
- 자녀 연령과 교육 방향: 조용한 환경 vs 활발한 커뮤니티
- 가전·가구 포함 유무에 따라 초기 이사 비용 큰 차이 있음
- 한국인 가족 (자녀 1명 기준) 월 생활비는 300~400만 원이 일반적
- 대부분 콘도 관리비는 집주인 부담
- 인터넷, 수도비 포함한 기타 공과금은 대략 10~17만 원 정도(RM 300~500)

4

차량 대여, 정착 서비스, 이주 초기 준비 A to Z

 말레이시아로의 유학은 단순히 학교를 고르는 일만이 아니라, 실제 이주 후의 정착 과정까지 고려해야 하는 현실적인 문제들이 많다. 특히 차량 대여, 집 계약, 입주 전 준비는 유학 초기 생활의 안정성과 직결되므로, 미리 세심한 정보 수집과 꼼꼼한 계획이 필요하다.

차량 대여는 선택이 아닌 필수

 말레이시아에서 생활하려면 자가용은 사실상 필수다. 대중교통이 있기는 하지만, 국제 학교들은 대부분 주택가와 일정 거리를 두고 떨어져 있어 학생 통학이나 학부모의 이동에 현실적으로 적합하지 않다. 게다가 더운 날씨와 잦은 스콜(폭우) 때문에 버스나 도보 이동은 큰 불편을 감수해야 한다. 결국 대부분의 학부모들이 선택하는 것은 차량 대여 또는 구매다.

차량 대여 비용은 월평균 50만 원(RM 1,500~1,600) 정도이며, 보험과 차량 종류에 따라 차이가 있다. 특히 렌트사의 조건을 꼼꼼히 확인해야 한다. 보증금이 필요한 차량이나 경우들도 있지만, 보통 학부모들이 많이 이용하는 렌트 차량의 경우에는 한 달 렌트비 정도만 선납으로 받는 편이다.

또한 차량을 인수할 때 반드시 차량 상태 점검을 꼼꼼히 해야 한다. 타이어 마모, 브레이크, 배터리, 와이퍼, 조명 등은 필수 확인 항목이다. 겉보기에는 멀쩡해 보이지만, 실제 운행 시 문제가 생기는 경우가 많다. 나는 처음 차량을 인수할 때 대충 확인했다가, 며칠 뒤 갑작스럽게 시동이 꺼지는 바람에 크게 당황했던 경험이 있다. 그 뒤로는 반드시 사진과 영상을 남겨 증거를 확보했다. 이런 기록은 추후 차량 고장 시 "내가 손상시킨 게 아니다"라는 중요한 증거 자료가 된다.

정착 서비스의 필요성

차량 대여만큼이나 중요한 것이 바로 정착 서비스다. 처음 이주했을 때는 언어와 제도, 문화가 모두 낯설어 어디서부터 손을 대야 할지 막막하다. 사실 차량, 집, 은행 계좌, 통신사, 가전제품 설치 등 모든 것이 한꺼번에 몰려오다 보니 정신을 차리기가 어렵다.

이럴 때 유학원에서 제공하는 정착 서비스를 이용하는 것도 좋은 방법이다. 물론 비용이 들기는 한다. 하지만 초기에 겪게 되는 시행착오와 스트레스를 줄일 수 있다는 점에서 충분히 투자할 가치가 있다. 나 역시 정착 서비스를 이용했는데, 여러 가지 플랜 중 베이직 플랜만으로도 큰 도움을 받았다. 공항 픽업부터 은행 계좌 개설, 휴대폰 개통, 차량 렌트 연결, 초기 생활에 필요한 쇼핑 리스트 안내까지, 혼자 부딪혔다면 며칠을 헤맬 일들을 단 하루 만에 해결할 수 있었다.

특히 은행 계좌 개설은 외국인에게 쉽지 않은 절차인데, 정착 서비스 덕분에 서류 준비부터 담당자 미팅까지 **빠르게** 진행할 수 있었다. 또 차량 렌트 업체도 신뢰할 수 있는 곳으로 연결해 주어 초반 시행착오를 크게 줄였다. 지금 돌이켜 보면, 초기의 작은 투자가 오히려 큰 손해를 막아준 셈이다.

집 계약 시 주의해야 할 점
한국에서와 달리, 말레이시아의 임대 계약서는 대부분 영어로 작성되며 법적 용어가 포함되어 있어 세심한 주의가 필요하다. 나 역시 초기에 잘못된 계약으로 어려움을 겪은 적이 있다.

집 계약 전에는 반드시 계약서를 번역해 하나하나 확인해야 한다. 계약서에 명시된 수리 항목(에어컨 부품, 누수 등)을 꼼꼼히 확인하지 않으면, 나중에 전적으로 세입자가 부담하게 되는 경우가 많다. 실제로 입주 전 수리 항목이 계약서에 포함되어 있었음에도 불구하고, 한국인 에이전트가 "한 달이 지나면 무조건 세입자 부담"이라고 강압적으로 주장해 결국 내가 모든 수리비를 부담했던 경험이 있다.

내가 처음 살았던 집은 둘이 살기에는 50평이 넘는 큰 집이었다. "아무리 늦어도 10분 거리"라는 말에 멀지 않으니 괜찮겠지 하고 계약을 했었다. 하지만 실제로는 아무리 빨리 달려도 25분, 보통은 35분 정도가 걸렸다. 아침에 10분이라도 늦게 출발하면 차가 막혀 거의 한 시간을 운전해야 했고, 통학길 내내 아이도 불안해했다. 아이를 내려주고 돌아오는 길에는 출근 차량으로 도로가 완전히 막혀, 꼬박 한 시간을 길 위에서 보내야 하는 날도 다반사였다. 그렇게 통학의 부담은 점점 커졌고, 결국 우리는 이사를 결심하게 되었다.

그 과정에서 한국인 에이전트는 "집주인에게는 말하지 말고, 나에게 수수료를 지급해야만 승계를 도와주겠다"라며 돈을 요구했다. 수수료를 내지 않으면 절대 승계를 도와주지 않겠다고 협박하듯 말하기도 했다. 더 억울했던 건, 내가 이

사 오기 전에 전 세입자가 사용하고 나간 전기세까지 내 명의의 첫 고지서에 포함되어 있었다는 사실이다. 일자별 사용량을 확인해 보니 내가 부담할 필요가 없는 금액이었음에도, 에이전트는 오히려 나에게 이렇게 말했다.

"돈 몇 푼 때문에 기분 상하게 하지 말고 그냥 내세요."

억울했지만 당시 나는 막 이사 온 상황이라 더 이상 분쟁을 만들고 싶지 않았고, 결국 참고 내야만 했다. 집 자체는 아주 마음에 들었다. 하지만 집주인은 워낙 바쁜 분이라 직접 연락하기보다는, 에이전트가 "우리 서로 한국인이니 소통도 자유롭잖아요. 그리고 이 집은 제가 전적으로 관리하고 있습니다. 불편한 일은 없을 거예요. 필요한 건 바로 처리해 드릴게요."라고 말했었다. 그 말을 믿은 것이 큰 실수였다.

알고 보니 그는 집 관리라는 이름으로 모든 수리 비용을 세입자에게 떠넘기는 방식으로 일해왔던 것이다. 화장실에서 물을 쓰려고 수도꼭지를 올렸는데, 낡아서 이미 헐거워진 부품이 부러졌다. 그는 단순히 수도꼭지만 교체하면 되는 문제를 두고, 세면대 전체를 갈아야 한다며 큰 비용을 요구했다. 화장실에서 냄새가 난다고 했을 때도, 배관 문제를 점검해 주기는커녕 "이미 이사 온 지 한 달이 지났으니, 이제는 세입자분이 직접 수리하셔야 해요. 아니면 하수구 냄새 막는 고무 커버(실리콘 캡) 같은 게 있으니까, 그런 걸 사서 올려 두시면 됩니다."라며 무책임하게 떠넘겼다.

처음 집을 보러 갔을 때 꼼꼼히 체크하지 않은 내 잘못도 있었기에, 울며 겨자 먹기로 내가 처리한 부분들이 많았다. 하지만 시간이 지나면서 이런 경험은 분명한 교훈이 되었다. 이후로 나는 계약 전에 집을 꼼꼼히 확인하고, 수리 항목과 책임 주체를 반드시 계약서에 명시해야 한다는 것을 알았다. 겉으로는 집이 좋아 보여도, 작은 부속품 하나가 문제가 되었을 때, 에이전트가 어떻게 대응하는지에 따라 생활의 질은 크게 달라졌다.

현지 에이전트와의 신뢰

하지만 같은 상황을 현지 에이전트와 경험했을 때는 완전히 달랐다. 내가 지금 살고 있는 집은 말레이-중국계 현지 에이전트를 통해 얻은 곳인데, 그는 처음부터 내 요구 사항을 세심히 메모하며 적극적으로 반영해 주었다. 계약 과정에서도 불필요한 비용을 요구하지 않았고, 오히려 "계약서에 이 부분은 꼭 수정해야 합니다"라며 내가 놓칠 만한 조항까지 꼼꼼히 짚어 주었다.

심지어 새로운 집을 보러 갔을 때, 집주인의 에이전트가 함께 있었는데도 그는 "제가 당신의 에이전트이니, 필요한 사항은 전부 제가 체크하고 도와드리겠습니다. 앞으로도 불편한 점이 있으면 언제든 말씀하세요."라며 든든하게 챙겨주었다. 당시 집세가 이전보다 저렴했기에 나는 바로 계약하려 했지만, 그는 오히려 "조금만 기다리세요. 200링깃이라도 더 깎아드릴게요."라며 집세 협상까지 직접 나서 결국 조건을 더 좋게 만들어 주었다.

이사하는 날에는 큰 차를 직접 가져와 내 이삿짐을 함께 날라주었고, 입주 후에는 집안 곳곳을 돌며 물이 새는 곳은 없는지, 불편한 점은 없는지 꼼꼼히 점검해 주었다. 단순히 집을 연결해 준 것으로 끝나는 것이 아니라, "당신이 이 집에서 불편 없이 지내는 것까지 제 책임"이라는 태도로 임했기에 신뢰가 깊어졌다.

그의 성실함은 시간이 지나도 변하지 않았다. 아이가 학교에 다니는 데 불편이 없는지 먼저 확인해 주었고, 집안에 문제가 생기면 직접 와서 살펴보거나 전문가를 불러 신속히 처리해 주었다. 작은 문제에도 책임을 회피하지 않고 끝까지 챙겨주는 모습 덕분에 나는 낯선 환경 속에서도 불안 대신 안도감을 느낄 수 있었다. 주변 지인들이 만난 에이전트보다 훨씬 친절하고 꼼꼼했기에, 지금은 내가 오히려 다른 엄마들에게 이 에이전트를 적극적으로 추천하고 있을 정도다.

이 경험은 내게 분명한 교훈을 남겼다. 좋은 집을 찾는 것만큼, 좋은 에이전트를 만나는 일이 중요하다. 언어가 다소 불편해도 WhatsApp으로 대화하면 기록이 남고 번역 기능을 활용해 충분히 소통할 수 있다. 결국 중요한 건 국적이 아니라 태도와 성실함이었고, 나는 그 경험을 통해 불안 대신 신뢰를 선택할 수 있었다.

Tips

<집 계약 시 꼭 확인해야 할 점>
- 누수 발생 시 수리 주체는 누구인지 명확히 기재되어 있는지
- 조명 고장, 수도 불량, 가구 파손 등의 기준 (보통 RM 200 이하 수리는 세입자 부담)
- 에어컨 필터 청소 및 부품 고장 시 수리 책임
- 가스 충전은 누가 담당하는지 (보통 세입자)
- 콘도 내 부대시설(수영장, 헬스장 등) 이용 가능 여부와 관리비 포함 유무
- 계약서에 서명한 후에는 변경이 어렵기 때문에, '사인 전 확인'이 매우 중요

5

정착 서비스에 대한 솔직한 후기

나는 말레이시아 유학을 준비하며 유학원을 통해 이주 정착 서비스까지 함께 신청했었다. 당시에는 솔직히 비용이 부담스럽게 느껴지기도 했다. 하지만 지금 되돌아보면, 정말 탁월한 선택이었다고 확신한다.

실제로 이곳에서 3~4개월 정도 생활하다 보니, 학교 엄마들을 만나고 커뮤니티를 통해 정보를 얻으면서 대부분의 궁금증이나 문제들은 자연스럽게 해결할 수 있게 되었다. 그래서 한순간 "굳이 비용을 들여 정착 서비스를 신청하지 않아도 됐을지도 몰라"라는 생각이 스치기도 했다. 하지만 만약 다시 과거로 돌아간다 해도, 나는 망설임 없이 정착 서비스를 신청할 것이다.

왜냐하면 유학 초기의 혼란스러운 시기에 누군가 내 손을 잡고 차근차근 알려주며 안내해 주는 그 안정감은 돈으로만 환산할 수 없는 가치이기 때문이다. 내가 선택한 유학원은 상담을 통해 내 상황과 예산에 맞게 서비스를 맞춤형으로 개별화해 주었고, 원래 구성된 서비스 항목 중에서도 꼭 필요한 것만 선별하여 합리적인 비용으로 제공해 주었다. 단순한 '정착 도우미'가 아니라, 내가 정말 필요로 하는 것을 콕 집어 주는 안내자였다.

공항 픽업, 통신 개통, 은행 계좌 개설, 콘도 입주 체크, 마트 장보기 동행, 인터넷 설치, 차량 대여 연결까지…. 한국에서는 너무나 당연한 일들이 이곳에서는 낯설고 복잡한 절차로 다가왔다. 모든 게 새롭고 언어 장벽까지 있으니, 그 시간을 혼자 헤매며 알아가야 했다면 스트레스가 상당했을 것이다. 하지만 정착 서비스 덕분에 나는 그 시간을 크게 단축할 수 있었고, 단 1~2주 만에 생활 리듬을 안정시킬 수 있었다. 덕분에 아이의 학교 적응에도 더 많은 에너지를 쏟을 수 있었다.

정착 서비스에 대한 솔직한 후기를 궁금해하는 사람들이 많다. 내 기준에서 말하자면, 나는 이곳에 아는 사람도 없었고, 동시에 일을 병행하다 보니 직접 꼼꼼히 비교하고 발품 팔 시간이 없었다. 학교 엄마들을 만나면서 의논하며 하나씩 해결한 부분들도 있었지만, 결과적으로는 정착 서비스를 신청했기에 훨씬 수월하게 안착할 수 있었다. 표에 있는 항목들 외에도 내가 요청한 것들을 유연하게 도와주셨고, 지금 1년이 다 되어 가는 시점까지도 "필요하신 게 있으면 언제든 말씀하세요"라고 얘기해 주시며 도움을 아끼지 않는다. 그 진심이 전해져서, 지금도 나는 유학원 대표님과 직원분들께 깊은 감사를 드리고 싶다.

그렇다고 정착 서비스가 모든 사람에게 꼭 필요한 것은 아니다. 영어 소통이 원활하고, 새로운 환경에서 직접 부딪히며 배우는 걸 즐기는 성향이라면 굳이 비용을 들이지 않아도 된다. 실제로 몇 달만 지나도 커뮤니티나 학교 네트워크를 통해 대부분의 문제는 자연스럽게 해결된다. 이런 사람들은 오히려 시행착오 속에서 배우는 과정 자체를 즐기기도 한다.

하지만 나처럼 아는 사람도 없고, 동시에 빠르게 안정적인 환경을 만들어야 하는 상황이라면 이야기가 달라진다. 초기 2~3주의 혼란을 줄이고, 가족의 생활을 안정화할 수 있다는 점만으로도 충분히 투자할 가치가 있다. 결국 핵심은 "지금 나와 내 가족에게 당장 필요한 것이 무엇인가"이다. 시간과 마음의 여유가 있다면 스스로 해결해도 좋지만, 안정과 속도가 더 중요하다면 주저하지 말고 정착 서비스를 활용하는 것이 현명하다.

    결론적으로, 유학 초기 시행착오를 줄이고 안정적으로 적응하기 위해 정착 서비스를 선택한 것은 참 현명한 결정이었다.

    지금 돌아보면, 그때의 나에게 "잘했어"라고 말해주고 싶고, 함께 도와준 분들께도 진심으로 감사하다.

6

신중하게 선택한 학교, 하지만 전학을 고려해야 한다면?

국제 학교를 선택하기까지 많은 고민과 비교를 거쳤지만, 막상 아이가 학교에 다니기 시작한 후 기대했던 것과 현실이 다를 수도 있다. 학교 분위기, 교육 방식, 교사의 지도 스타일, 친구 관계, 커리큘럼 등 여러 요소가 예상과 다를 수 있으며, 이에 따라 전학을 고민하는 부모들도 적지 않다. 그렇다면 국제 학교를 다니면서 전학을 고려해야 하는 경우, 어떤 점을 신중하게 따져봐야 할까?

학교를 몇 달 다녀본 후 아이가 적응하지 못한다고 해서 즉시 전학을 결정하는 것은 신중할 필요가 있다. 새로운 학교에 적응하는 데에는 일정 시간이 걸리기 때문이다. 국제 학교에서는 단순한 학업뿐만 아니라 친구 관계, 언어 환경, 새로운 문화까지 익숙해지는 과정이므로, 당장 어렵다고 해서 학교를 바꾸는 것이 반드시 해결책이 될 수는 없다. 학부모들이 많이 나누는 이야기 중 하나는 다음과 같았다.

"학교는 한 번 옮겨야 한대. 여기가 최종이 아니래. 입시 결과(입결)가 좋은 곳으로 한 번 옮겨야 한다던데?"

처음에는 나도 이 말이 맞는 것 같았다. 하지만 다시 생각해 보면, 우리나라에서도 학교에 다니면서 반드시 한 번 전학해야 하는 것은 아니지 않은가? 유학을 보내본 부모님들이 하는 말이 전적으로 다 맞다고 할 수도 없고, 완전히 틀렸다고 할 수도 없다. 중요한 것은 '이곳에 온 목적과 방향'이다. 부모가 어떤 기준을 세우고 학교를 선택했느냐에 따라, 아이의 성장 방향도 달라진다. 단순히 입시 결과가 좋은 학교로 옮기는 것이 정답이라고 생각하기보다는, 우리 가족이 원하는 교육 방식과 아이의 학습 스타일에 맞는지를 먼저 고민해야 한다. 내 주변에서 전학을 고민하는 부모들을 보면, 크게 두 가지 이유가 많았다.

① 한국 부모들의 고민: "영어가 늘지 않아요."
많은 한국 부모는 아이가 국제 학교에서 한국 친구들하고만 어울리면서 영어 실력이 전혀 늘지 않는 것에 대해 걱정

했다. 국제 학교에 보내면 자연스럽게 영어를 배우고 익히게 될 것이라고 기대했지만, 현실은 한국 학생끼리 뭉쳐서 한국어로만 소통하는 경우가 많았다는 것이다.

② 중국 부모들의 고민: "영어 환경이 아니라 중국어 환경이네요."
중국 부모들도 비슷한 고민을 했다. 국제 학교에 보냈지만, 중국 학생들이 많다 보니 영어를 사용할 기회가 거의 없고, 수업 외 시간에는 전부 중국어로 소통하는 경우가 많았다. 영어를 쓰는 환경에서 공부하게 하고 싶었지만, 현실은 전혀 그렇지 않았다.

그러나 이 문제를 해결하기 위해 학교를 옮긴다고 해서 정말 달라질까? 말레이시아는 워낙 다양한 국적의 학생들이 모여 있는 나라이고, 어디를 가더라도 한국인과 중국인을 만날 수밖에 없다. 따라서 단순히 '영어 환경을 원한다'라는 이유로 전학을 결정하는 것은 근본적인 해결책이 아닐 수 있다. 오히려 부모가 직접 아이의 생활 속에서 영어 사용 환경을 조성해 주는 것이 더욱 현실적인 대안일 수 있다.

국제 학교에 전학하게 되면 가장 큰 문제가 바로 '거주지 이동'이다. 대부분의 말레이시아 국제 학교는 도심에서 멀리 떨어져 있는 경우가 많고, 학부모들은 학교 위치에 맞춰 거주지를 결정하는 경우가 많다. 그러나 집 계약은 보통 1년 또는 2년 단위로 진행되기 때문에 몇 달 다녀보고 전학을 결정하게 되면 집 문제도 복잡해진다. 기존 계약을 해지하려면 위약금을 내야 하거나, 새로운 지역으로 이사를 가야 하는 부담이 생긴다. 전학을 결정하기 전에 반드시 주거 계약 문제도 함께 고려해야 한다.

Tips

<전학을 고려할 때 점검해야 할 사항>
- 아이가 적응하는 데 필요한 시간이 충분했는가?
- 전학한다고 해서 현재의 문제가 반드시 해결될 것인가?
- 현재 살고 있는 지역에서 새로운 학교까지의 거리와 교통편은 어떤가?
- 기존 계약된 주거 계약을 해지하는 것이 가능한가?
- 새로운 학교에 다니는 학부모들에게 충분한 정보를 얻었는가?

만약 아이가 한국 친구들과만 어울려서 영어가 늘지 않는 것이 고민이라면, 꼭 전학하지 않더라도 '영어를 자연스럽게 쓸 수 있는 환경'을 만들어 주는 것이 더 좋은 방법일 수도 있다. 이 문제를 해결하기 위해 나는 다양한 국적의 친구들과 어울릴 수 있는 활동을 직접 찾아 나섰다.

① 방과 후 활동 (After-school activities) 활용하기

학교에서 제공하는 방과 후 활동을 적극 활용하면 영어권 친구들과의 교류 기회를 늘릴 수 있다.

예를 들어, 외국 친구들이 많이 참여하는 미술 수업이나 스포츠 활동에 자녀를 합류시키는 것이 좋은 방법이다. 나는 내 아이가 다양한 국적의 친구들과 어울릴 수 있도록 배드민턴, 농구, 수영 수업을 신청했다. 처음에는 아이도 영어로 소통하는 것에 어려움을 느꼈지만, 스포츠를 통해 언어가 부족해도 함께 참여하면서 자연스럽게 친해질 수 있었다. 특히, 스포츠 활동은 말을 많이 하지 않아도 친구들과 소통할 기회가 많아 부담이 적었다.

② 부모도 함께 공부하는 환경을 조성하기

내가 중국어를 배울 때 가장 효과적이었던 방법은 단순한 학습이 아니라, '생활 속에서 자연스럽게 흡수하는 것'이었다. 나는 중국어를 너무 좋아해서 중국어 인터넷 강의를 수시로 듣고, 따라 말하고, 중국 영화를 자막 없이 보면서 듣는

연습을 했다. 놀라운 점은, 내가 공부하는 모습을 보면서 아이도 자연스럽게 영어뿐만 아니라 중국어 학습에도 관심을 가지기 시작했다는 점이다.

나는 아이에게 공부를 강요하지 않았지만, 내가 새로운 언어를 배우며 즐거워하는 모습을 보면서 아이도 영어 단어나 문법책을 보고, 숙제를 하면서 함께 공부하는 환경이 만들어졌다. 이러한 학습 방식은 강압적으로 공부를 시키는 것보다 훨씬 효과적이었다. 엄마가 먼저 배우려는 자세를 가지면, 아이도 자연스럽게 그 모습을 보고 따라오게 된다. 전학이 아니라, 환경을 바꾸는 것이 중요하다. 국제 학교를 다니다 보면 처음에 기대했던 것과 현실이 다를 수 있다. 하지만 무조건 전학을 결정하기 전에, '이곳에 온 목적과 방향을 잊지 말아야 한다.

학교를 바꾼다고 해서 모든 문제가 해결되는 것은 아니다. 부모가 어떤 기준을 가지고 학교를 선택했느냐에 따라, 앞으로의 방향이 결정된다. 부모가 먼저 나서서 아이가 외국 친구들과 어울릴 수 있도록 도와주고, 엄마도 함께 배우는 자세를 가지면 아이도 자연스럽게 성장할 수 있다. 결국, 국제 학교 생활에서 가장 중요한 것은 학교의 환경이 아니라, 부모가 어떻게 방향을 잡아주느냐에 달려 있다.

Chapter 3

아이의 유학, 엄마의 인생까지 리셋되다

1

엄마도 유학생!
말레이시아에서 다시 쓰는 나의 시간표

　말레이시아에 도착한 첫 달은 숨 돌릴 틈조차 없었다. 아이의 입학 준비, 새로운 집을 찾고 정착을 위한 일들을 하나씩 해결해야 했기 때문이다. 아이가 학교에 들어가기 전까지는 "학비는 내가 마련해야 한다"라는 목표로 앞만 보고 달려왔고, 여유 자금까지 챙겨와 마음을 다잡았다. 다행히 학교도 시작했고, 집도 정해지고, 생활 기반도 조금씩 갖춰졌다.

　하지만 정작 큰 숙제들이 마무리되자, 잠깐의 평온함과 함께 묘한 공허감이 찾아왔다. 한숨 돌릴 수 있다는 안도감 뒤로 "이제 나는 무엇을 해야 하지?"라는 질문이 슬며시 올라왔다. 집에서는 크고 작은 문제들이 생겨 수리 비용이 계속 들었고, 예상치 못한 지출이 이어지면서 마음은 불안해졌다. 겉으론 안정된 듯 보였지만, 속으로는 고요하면서도 설명하기 어려운 깊은 공허감이 스며들었다. '이게 내가 원하는 생활의 전부일까?'라는 물음이 차오르기 시작했다.

게다가 한국에서 나가는 비용과 이곳에서 발생하는 고정 비용이 동시에 겹치니, 여유 자금으로 준비해온 돈은 순식간에 줄어들었다. 마치 모래가 손가락 사이로 빠져나가듯, 예상보다 훨씬 빨리 사라져 버린 것이다.

그래서 방법을 찾아야 했다. 단순히 하루를 메우는 일상이 아니라, 나를 성장시키는 루틴을 세우면서도 이곳에서 유연하게 할 수 있는 일을 다시 시작해야겠다고 마음먹었다. 그때부터 나는 '엄마이자 유학생'이라는 정체성을 넘어, 다시 일하는 나로서의 길을 모색하기 시작했다.

그 과정에서 나는 중요한 사실을 깨달았다. 이주란 단순히 주소를 옮긴 것이 아니라, 나 자신에게도 또 다른 유학의 시작이라는 것이었다. 이제는 한국처럼 누군가가 짜준 스케줄을 따라가는 삶이 아니라, 내가 직접 하루를 설계해야 하는 시간이 열린 것이다. 아이만 새로운 환경에 적응하는 것이 아니라, 나 역시 '엄마라는 이름의 유학생'으로 다시 배우고 적응해야 했다.

집 밖으로 나가면 영어, 중국어, 말레이어가 쏟아지듯 들려왔고, 처음에는 손짓 발짓에 아는 단어 한두 개를 보태며 필요한 물건을 사곤 했지만, 결론적으로는 언어를 배우지 않고서는 빠르게 적응하기 어렵다는 생각에 다다랐다. 그러나 현실은 녹록지 않았다. 일과 아이 돌봄, 언어 공부까지 모두 동시에 감당해야 했으니 시간은 늘 빠듯했다. 중·고등학교 시절처럼 오직 공부에만 몰두할 수 있는 상황이 아니었다. 지금의 나는 슈퍼맘처럼 모든 것을 동시에 해내야 했고, 그렇기에 공부 하나에만 집중할 수 없었다.

결국 해답은 계획이었다. 나는 내 하루 속에 마인드 루틴, 언어 공부, 일, 그리고 아이 케어까지 균형 있게 담아내야 했다. 그렇게 나만의 시간표를 다시 짜고, 작은 루틴부터 차근차근 쌓아가며 새로운 일상에 적응하기 시작했다.

영어 공부 ― 동료 유학생처럼 함께

나는 집에서 영어 문장을 소리 내어 따라 읽고, 단어를 외우며 아이에게 시험을 봐 달라고 했다. 그러다 보니 "오늘 공부했어? 학교에서 뭐 배웠어? 단어 외웠어?" 같은 잔소리 대신, "엄마도 시험 볼 거야. 우리 같이 단어 외울래? 서로 시험 봐주면 어때? 네 발음이 너무 좋으니까 엄마 좀 알려줘. 네가 몇 번 읽어주면 엄마가 따라 해볼게."라는 대화가 오갔다. 자연스럽게 엄마도 공부하고, 아이도 공부하는 분위기가 만들어졌다.

공부 방식도 단순 암기가 아니었다. 유튜브에서 흔히 볼 수 있는 '왕초보 500문장'보다는 실제 생활에서 바로 쓸 수 있는 표현들을 정리해 익혔다. 마트에서 자주 쓰는 말, 집 수리 기사가 왔을 때 필요한 말, 학교에서 꼭 필요한 표현들. 이런 것들을 직접 적어두고 반복해 외우니, 두렵던 외출이 점점 덜 낯설어졌다. 물론 한 번에 다 외울 수 없어 더듬거릴 때도 있었지만, 아이와 함께 웃으며 배우는 그 시간이 즐겁고 의미 있었다.

그런 내 모습을 영상으로 본 엄마는 웃으며 말했다.

"네가 고등학교 때 이렇게 열심히 했으면 서울대 갔겠다, 하하."

나도 웃었지만, 속으로는 크게 공감했다. 그땐 몰랐던 것들을 지금은 비로소 알게 되고, 실천할 수 있다는 사실이 내겐 너무 소중했기 때문이다.

중국어 공부 — 아이와 친구들, 그리고 관계

중국어 공부도 마찬가지였다. 내가 흥미를 가지고 배우다 보니, 아이의 교재를 함께 보며 모르는 단어를 체크해주고 발음을 알려주곤 했다. "내일 학교 가서 이 문장 한번 말해 봐. 친구들이 깜짝 놀랄걸?" 하고 응원하면, 아이는 신기해하며 도전해 보았다. 그렇게 우리는 서로에게 힘을 주며 공부하고 성장하기 시작했다.

아이에게는 중국인 친구들도 많았다. 하교 시간에 아이를 데리러 가면 늘 그 친구들이 나를 향해 재잘재잘 이야기하며 다가왔다. 외국인 엄마이긴 했지만 중국어로 간단하게라도 소통이 되니, 그 아이들은 늘 반갑게 인사했고 오늘 점심에 무엇을 먹었는지, 어떤 수업을 했는지, 누가 혼나고 칭찬받았는지, 그리고 "이안이도 잘했다!"라는 말까지 들려주곤 했다. 그 반짝이는 눈빛은 나에게도 큰 힘이 되었다.

그 아이들의 말에 의하면 집에서는 같은 이야기를 해도 부모님들은 보통 "그래, 알았다. 얼른 숙제하고 공부해라. 그래야 내일 수업 따라가잖니."라는 반응이 대부분이라고 했다. 그런데 자신들의 눈에는, 중국어를 조금이라도 할 수 있는 이안이 엄마가 특별해 보였던 것이다. 내가 모르는 단어를 물으면 바로 알려줄 수 있었고, 나를 통해 한국어 몇 마디를 배우며 한국 이야기도 들을 수 있었으니, 마치 한국인 친구가 하나 더 생긴 듯 신나 한다는 말을 자주 전해 들었다.

그런 경험은 내게도 즐거움이었다. 주말마다 아이 친구들과 배드민턴 수업을 함께 들으며 자연스럽게 중국 엄마들과도 가까워졌다. 나라와 문화는 달랐지만, 아이들은 한결같이 사랑스러웠고, 엄마들의 태도도 다르지 않음을 보며 "결국 엄마의 마음은 다 똑같구나" 하고 웃기도 했다.

특히 우리 아이는 이곳에 오기 전까지 영어에 집중하느라 중국어 기초를 배우지 못한 채 8학년을 시작해야 했기에, 온통 모르는 한자들 속에서 힘들어했다. 하지만 내가 원래 중국 영화와 음악을 좋아하고, 중국어 공부에도 흥미가 많다 보니 아이의 교재를 함께 보며 모르는 단어를 짚어 주고 발음을 알려줄 수 있었다. "이제 이 문장은 완벽하네. 내일은 네가 먼저 친구들한테 말해보자." 그렇게 말하면, 아이는 자신감을 얻어 다시 도전했다. 그렇게 우리는 함께 배우고 성장하며, 서로에게 더 큰 힘이 되어주었다.

그 모든 과정 속에서 나는 중요한 깨달음을 얻었다. 아이에게는 잔소리보다 응원이 훨씬 큰 힘이 된다는 것이다.

"너 공부했어? 공부 안 해? 여기까지 와서 지금 뭐 하는 거야?"라는 훈계 대신,

"오늘 학교 다녀왔으니까 단어 다섯 개만 외워보면 어때? 작아 보여도 한 달이면 150개야. 물론 중간에 잊을 수도 있겠

지. 그럴 땐 다시 앞에서부터 외우면 돼. 그게 너한테 큰 재산이 되는 거야. 너는 지금도 충분히 열심히 하고 있으니까 분명히 잘될 수밖에 없어."

이렇게 말해주었을 때, 아이의 표정에는 압박감이 아닌 자신감과 동기가 차올랐다.

그 순간 나는 알았다. 아이를 향한 나의 태도도 달라져야 한다는 것을. 더 이상 무언가를 요구하는 엄마가 아니라, 함께 도전하고 응원하는 엄마로. 학부모의 시선에서 잔소리를 늘어놓는 대신, 같은 길을 걷는 동료 유학생처럼 서로의 성장을 격려하는 관계로. 나는 아이에게 단순한 보호자가 아니라, 공부하고 도전하는 동반자가 되어가고 있었다.

삶을 지탱해 주는 힘은 거대한 변화가 아니라, 작지만 매일 이어지는 루틴 속에 있었다. 낯선 땅에서 불안으로 흔들리던 날들도, 작은 루틴 하나가 나를 다시 단단히 붙들어 주었다. 독자 여러분도 이 질문들을 스스로에게 던져 보길 바란다. 작은 체크리스트 하나가 내 일상을 지켜 준 것처럼, 여러분의 하루에도 든든한 디딤돌이 되어 줄 것이다.

Tips

<나를 살리는 루틴 플래너>
- 오늘 나만의 시간을 가졌는가?
- 나에게 집중하는 루틴이 있었는가?
- 감사할 순간을 기억했는가?
- 오늘 마음이 조금 더 평온해졌다고 느꼈는가?

우리는 거창한 변화보다, 작고 반복 가능한 루틴에서 더 큰 안정감을 찾을 수 있다.

불안한 하루를 보내고 있다면, 이 루틴이 작은 디딤돌이 되어줄 것이다.

2

영화가 언어가 되고,
언어가 나를 바꾼 시간

"배움은 나이도 역할도 가리지 않는다. 엄마가 먼저 배울 때, 아이도 자연스럽게 따라온다."

처음부터 중국어를 본격적으로 공부해야겠다고 마음먹은 건 아니었다. 계기는 아이였다. 아이가 관심을 가진 분야를 찾아보다가 국내 학원들에 문의를 했는데, 돌아오는 대답은 대부분 비슷했다.

"벌써부터 배우시게요? 너무 이릅니다. 수능 치고, 대학에 가서 전공을 선택한 뒤에도 하고 싶다고 하면 그때 배우셔도 늦지 않아요. 지금 중학생 되는 아이들 중에 로봇공학이나 과학 관련 심화 과목을 미리 배우는 경우는 거의 없습니다."

그 말들을 들을 때마다 의문이 생겼다. 정말 아이의 호기심을 나중으로 미뤄야만 하는 걸까? 그래서 나는 초등학교

4학년이 된 아이와 함께 반경을 넓혀 주위의 여러 가능성을 찾아보기 시작했다. 결론은 분명했다. "초6 졸업과 동시에 국제 학교에 진학하자."

그 과정에서 준비해야 할 것은 분명했다. 먼저 영어. 국제 학교 진학을 위해서는 영어가 필수였고, 중국어 역시 빠질 수 없었다. 하지만 영어와 중국어를 동시에 아이에게 맡기는 것은 무리였다. 그래서 나는 '영어는 아이가 집중적으로 배우게 하고, 중국어는 내가 먼저 배워서 나중에 알려줘야겠다.'라고 생각했다.

그렇게 시작한 중국어 공부는 의외의 즐거움으로 다가왔다. 성조부터 배우고 하나씩 따라 읽으며 발음을 익히는 과정이 신기하게 재미있었다. 나는 북경 출신 원어민 선생님께 배웠는데, 선생님은 한국어를 곧잘 하셨지만 중간중간 어려운 표현을 찾을 때면 내가 알려드리기도 했다. 덕분에 수업은 일방적인 강의가 아니라, 서로의 언어와 문화를 주고받는 교류의 장이 되었다. 나는 선생님에게 중국 영화와 음악을 추천받았고, 그중에서도 "꼭 보라"라는 권유로 접하게 된 드라마 〈삼생삼세 십리도화〉가 결정적인 전환점이 되었다.

몽환적인 영상미와 잔잔한 음악, 배우들의 섬세한 감정 연기는 단순한 흥미를 넘어 내 마음을 사로잡았다. 나는 그때부터 완전히 중국어에 빠져들었다.

어느새 나는 그 장면을 반복해서 보고 또 보았다. 그리고 어느 순간, 배우들이 내뱉는 대사가 귀에 익기 시작했다.

"이 말 무슨 뜻이지?"
"나도 따라 해볼까?"

단순한 흥미에서 시작된 흉내 내기가 점차 언어에 관한 관심으로 바뀌었다. 처음에는 그저 대사 하나하나를 필기하고, 인터넷 사전을 찾아 단어의 뜻을 알아보는 정도였다. 하지만 그렇게 시작된 흥미는 진짜 공부로 발전했다. 나의 첫 중국어 교과서는 영화 속 대사였다. 문장들을 하나하나 베껴 쓰고, 배우들의 억양과 감정을 따라 했다. 입에 잘 붙지 않아 어색했고, 발음도 늘 자신 없었지만, 몇 번이고 따라 하다 보니 어느새 문장이 자연스럽게 흘러나왔다. 무엇보다 마음을 울린 장면의 대사를 직접 말할 수 있다는 것만으로도 짜릿했다.

'이렇게 공부한다면, 나도 언어를 배울 수 있겠구나.'

그 확신이 생긴 이후, 나는 본격적으로 중국어를 배우기 시작했다. 한국에 있는 동안 주 2회 원어민 수업을 들었고, 매일 1시간씩 인터넷 강의를 통해 반복하며 공부했다. 숙제도 빠짐없이 하면서 꾸준히 학습을 이어갔다. 이렇게 3년여를 공부한 후, 아이와 함께 말레이시아로 이주했다. 새로운 환경, 새로운 교육 시스템, 새로운 사람들. 모든 것이 낯설었지만, 그중에서도 가장 크게 다가온 변화는 언어였다.

말레이시아는 영어가 공용어이지만, 동시에 중국계 인구가 많아 중국어가 일상에서 자주 쓰인다. 국제 학교에서는 영어뿐 아니라 중국어도 필수 과목이었고, 학부모 모임에서도 자연스럽게 중국어가 오갔다.

처음에는 내가 배운 중국어가 이렇게 실생활에서 바로 쓰일 줄은 몰랐다. 마트에서 중국인 점원이 있을 때는 중국어로 물건을 주문하거나 궁금한 것을 물어보며 조금씩 대화를 시도했다. 집에 돌아오면 "아까 그 직원이 뭐라고 한 거지?" 하며 단어를 다시 찾아보거나, 중국인 엄마들에게 물어보며 표현을 다시 익혔다. 그렇게 배운 말들은 하나하나 생활 속에서 살아 움직였다.

언어는 생활을 넘어, 내 사업과 소비 습관까지 바꾸어 놓았다.

말레이시아에서 필요한 물건들은 보통 라자다(Lazada)를 통해 주문했는데, 자세히 들여다보니 그중 80% 이상이 사실상 중국 타오바오에서 넘어온 제품들이었다. 작은 생활용품은 라자다로도 충분했지만, 가전이나 금액대가 높은 물건은 늘 불안했다. 색상이 다르거나, 흠집이 있거나, 아예 다른 제품이 배달된 적도 있었기 때문이다.

이때 중국어 실력이 또 한 번 힘을 발휘했다. 중국 사이트에서 직접 주문하며 판매자에게 실제 배송 나가는 제품 사진을 요청할 수 있었고, 말레이시아 직배송도 가능했지만 나는 한 번 더 검수를 거치기 위해 배대지(배송 대행지)를 이용했다. 제품을 확인한 후 받아보니 불량 걱정 없이 원하는 제품을 안전하게 사용할 수 있었다. 게다가 가격은 라자다보다 더 저렴한 경우가 많았다.

물론 편리하게는 한국 쇼핑몰에서 주문해 항공 물류로 받을 수도 있다. 하지만 요즘 대형 쇼핑몰들의 제품 상당수도 중국 사이트에서 가져오는 것들이 많기에, 내가 직접 중국 사이트에서 구매하는 편이 가격 메리트도 크고, 검수까지 거쳐 받을 수 있어 훨씬 유리했다.

더 나아가, 중국어는 내 비즈니스 반경까지 넓혀주었다.

구매 대행 업계에서는 '크무비(크고 무겁고 비싼 제품)'라 불리는 고가 제품들을 다루며, 건당 80만 원에서 100만 원 이상의 수익을 낸 경험도 있다. 그네, 수영장 베드, 공원에 놓이는 대형 정자 같은 제품들은 금액도 크고 리스크도 컸다. 그러나 나는 중국어로 판매자와 직접 협상하고 소통할 수 있었기에, 주문 단계부터 꼼꼼히 따져보고, 배대지에 도착했을 때도 상태를 확인해 불량이나 A/S 문제를 즉시 조율할 수 있었다. 덕분에 최종적으로는 한국까지 안전하게, 그리고 깔끔하게 배송받을 수 있었다.

이 모든 과정이 가능했던 이유는 바로 언어였다.

중국어 하나가 생활의 편리함을 넘어 나의 경제 활동과 기회를 넓혀준 것이다. 집에서 물건을 주문할 때도, 아이 학교에서 다른 엄마들과 대화할 때도, 나는 중국어를 배우길 참 잘했다고 느꼈다.

처음에는 그저 영화 대사를 흉내 내는 작은 시도였다. 그러나 그 작은 흉내는 내 일상을 바꾸었고, 아이와의 시간을 더 풍요롭게 했으며, 내 삶에 완전히 새로운 가능성을 열어주었다. 이제 언어는 단순한 공부가 아니라, 나를 앞으로 나아가게 하는 가장 확실한 자산이 되었다.

Tips

<내가 실천한 루틴>

- 아침마다 유튜브로 짧은 중국어 회화 영상 시청하기
- 인터넷 강의를 통해 월, 수, 금 공부하기
- 실생활 표현 위주로 예문 만들기와 암기하기
- 중국인 엄마들과 간단한 인사 및 안부 대화 시도하기
- 아이와 함께 중국 드라마 짧은 장면 따라 하기
- 배운 단어를 블로그나 메모장에 하루 한 문장 쓰기

3

말 한마디가
사업으로 연결되다

공부는 곧 기회였다. 내가 배운 한 문장이 곧 거래의 신뢰가 되었고, 그것은 다시 수익으로 돌아왔다. 처음에는 단순히 아이의 공부를 돕기 위해 시작한 중국어였다. 하지만 시간이 지날수록 나는 깨달았다. 언어는 단순한 학습이 아니라, 사업을 움직이는 힘이었다.

한국에서 위탁 판매를 하던 시절, 자연스럽게 구매 대행이라는 영역에도 관심이 생겼고 관련 강의를 듣기 시작했다. 그런데 같은 강의를 듣던 사람들의 대부분은 미국 구매 대행을 택했다. 열 명 중 아홉은 미국을 선택했으니, 나는 오히려 거기서 경쟁력이 없다고 느꼈다. "다 똑같은 제품을 똑같은 방식으로 판다면, 나는 무엇으로 차별화할 수 있지?"라는 질문이 머릿속에서 떠나지 않았다. 그래서 방향을 달리하기로 했다. 나는 중국 구매 대행을 하겠다고 마음먹었다.

물론 그 과정에서 두려움도 적지 않았다. 예전 같았더라면 화면 가득 낯선 한자들을 보며 "내가 과연 이걸 할 수 있을까?" 하고 주저했을 것이다. 영어의 경우 모르는 단어가 있어도 문맥으로 대충 짐작할 수 있었고 번역기를 돌려도 의미를 연결할 수 있었다. 그러나 중국어는 달랐다. 아는 단어가 몇 개 안 되다 보니, 한 페이지를 펼치면 '벽'처럼 느껴졌다. "와… 이거 진짜 내가 할 수 있는 건가…." 하는 막막함이 밀려왔다.

그럼에도 포기하지 않았다. 이미 중국어를 배우기 시작했고, 중국 구매 대행으로 방향을 정했으니 이 낯선 언어와 시장을 '새로운 기회'로 삼아야겠다고 마음먹었다. 모르는 단어는 체크해 두었다가 수업 시간에 선생님께 물어보고, 어떤 날은 아예 타오바오 페이지를 그대로 펴놓고 선생님과 함께 상품 설명을 공부했다. "이 단어는 제품 색상에 자주 쓰이는 표현이에요.", "이 문장은 배송 안내문이에요." 선생님은 그때마다 단어의 뉘앙스와 실제 쓰임을 알려주었다. 배우자마자 바로 판매자와 주고받는 대화에 적용할 수 있었고, 실전에서 쓰인 단어는 오래 기억에 남았다. 배움과 현장이 맞물리면서 그 모든 과정이 곧 학습이자 수익으로 이어졌다.

게다가 나는 남들과 같은 길을 걷고 싶지 않았다. 강의에서는 보통 사람들이 살 수 있는 가격대, 즉 1만~5만 원대 소품을 소싱하라고 알려주었다. 하지만 내 마음속에는 의문이 있었다. "남들이 다 똑같이 파는 상품 속에서 무슨 경쟁을 하라는 거지? 고객 입장에서 보면, 어디서 사든 똑같은 물건인데, 가격만 조금 싸게 해서는 오래 갈 수 없지 않나?" 그러던 중 누군가 "크고 무겁고 비싼 제품은 리스크가 커서 잘 안 한다"라고 말하는 것을 들었다. 그 말은 오히려 내 귀에는 기회처럼 들렸다. "다들 기피한다면 내가 그걸 해보자. 경쟁은 이렇게 하는 거지."

그때부터 나는 크무비(크고 무겁고 비싼 제품)에 집중하기 시작했다. 흔히 다루지 않는 대형 제품들은 위험이 컸지만, 동시에 수익 규모도 달랐다. 건당 80만~100만 원 이상의 이익을 낸 경험은 내가 왜 차별화를 선택했는지를 증명해 주었다.

가장 기억에 남는 건 첫 수익을 냈던 순간이다. 한 달 내내 제품 리서치와 판매자 협상, 검수 과정까지 모든 신경을 쏟아부었다. 고객이 결제를 마쳤다는 알림이 떴을 때 가슴이 쿵 내려앉았다. 출고가 완료된 뒤 이익 금액을 계산해 보니 약 90만 원의 순수익이 남았다. 단순히 돈 때문이 아니었다. '내가 배운 중국어 한 문장이 여기까지 연결되었구나'라는 성취감 때문이었다. 아이에게 그 소식을 전했을 때, 아이가 내 눈을 반짝이며 말했다. "엄마, 대박이야! 진짜 멋있다." 그 한마디가 다시 나를 달리게 했다.

물론 과정이 늘 순탄한 것만은 아니었다. 한 번은 커다란 그네 제품을 판매했는데, 검수 과정에서 문제가 발견되었다. 배송 대행지에서 보내온 사진을 보니 옆쪽 스테인리스 부분의 칠이 벗겨져 있었고, 그 흠집은 눈에 확 띄었다. 고객이 받으면 분명 클레임으로 이어질 상황이었다. 나는 즉시 그 사진을 판매자에게 전송하며 A/S를 요청했다. 그러나 그의 첫 대답은 단호했다. "배송 대행지까지 직원을 보내 수리하는 경우는 없다." 잠시 주저했지만, 바로 다시 메시지를 보냈다. "나는 이 제품을 더 많이 팔고 싶다. 당신의 제품을 신뢰할 수 있어야 계속 주문할 수 있다. 나도 노력해서 많이 홍보하겠다. 이번만큼은 꼭 도와달라." 단순한 클레임이 아니라 신뢰를 쌓아야 한다는 진심을 전했다. 그러자 판매자는 결국 마음을 바꾸었다. "그래, 한번 해보자." 그는 직원을 직접 보내 배송 대행지에서 수리를 진행해 주었다. 완벽하게 보수된 사진을 고객에게 전송했을 때, 고객은 크게 만족했고 제품은 문제없이 배송되었다. 그 고객은 단골이 되었고, 지인들에게까지 추천해 주었다.

또 다른 기억은 고가구 스타일 제품이었다. 검수 과정에서 한쪽 날개 부분이 배송 중 깨져 있었다. 예전 같으면 환불을 감수했을 것이다. 그러나 이번에는 달랐다. 나는 즉시 판매자에게 상황을 설명했고, 판매자는 "중국 내에서 배송하다가 파손된 것이니 교체해 주겠다. 새 제품을 보내드릴 테니 일단 배송을 받고 다시 얘기해 달라"고 답했다.

만약 내가 이 과정을 꼼꼼히 살피지 않고 바로 한국으로 배송을 받았다면 어땠을까? 한국 내에서 구매한 제품처럼 간단히 교환이 이뤄지는 구조가 아니었다. 구매 대행은 고객의 통관번호를 통해 들어오기 때문에, 불량이 발견되면 고객은 환불을 요청하고 나는 공급가를 날린 채 그 제품을 폐기해야 했다. 한국에 들어온 이상 다시 해외로 반출할 수 없으니, 그대로 큰 손해로 이어질 수밖에 없었던 것이다. 그러나 이번에는 검수와 언어 덕분에 그 위기를 막을 수 있었다.

새 제품을 받자마자 나는 고객에게 사진을 먼저 보여주었고, 고객은 "기대 이상으로 만족스럽다"라는 반응을 보였다. 문제 해결에 그치지 않고 오히려 고객의 신뢰와 재구매로 이어졌다. 몇 달 뒤 그 고객은 다시 연락해 "지난번처럼 꼼꼼하게 해주실 거죠? 사장님 제품은 믿고 구매할수 있어 좋습니다"라며 다른 제품을 주문했다. 그 순간 깨달았다. 언어와 노력이 만들어낸 것은 단순한 판매가 아니라, 평생 고객으로 이어질 신뢰의 기반이었다.

  돌이켜 보면, 중국어 공부가 없었다면 이런 선택도 쉽지 않았을 것이다. 언어를 배우지 않았다면 중국 구매 대행이라는 길 자체가 나에게는 막혀 있었을지도 모른다. 하지만 중국어 덕분에 미국 대신 중국을 선택할 수 있었고, 남들이 외면하는 크무비라는 영역을 파고들 수 있었다. 결과적으로 언어는 내 사업의 기회를 넓혀 주었고, 그 기회는 나를 새로운 무대로 이끌어 주었다.

  사업은 결국 관계이고, 그 관계의 기반은 신뢰다. 중국어 한 문장, 판매자와 주고받은 단 한 번의 빠른 응답이 나와 고객을 이어주는 다리가 되었다. 언어는 배움이자 자산이었고, 동시에 나의 사업을 확장시킨 가장 강력한 무기였다.

  언어가 구매 대행의 길을 열어주었다면, 이번에는 그 경험이 또 다른 사업의 기회를 불러왔다. 중국어가 나를 거래의 장으로 이끌어 주었다면, 세일즈를 했던 경험과 글쓰기는 나를 마케팅의 장으로 이끌었다.

  나는 늘 마케팅을 통해 내 비즈니스를 키워왔다. 제품을 알리고, 내 이름을 알리며 조금씩 사업을 확장해 온 경험은 결국 또 다른 사람들의 문제를 해결하는 열쇠가 되었다. '내가 나를 홍보할 수 있다면, 누군가의 홍보도 도울 수 있지 않을까?'라는 생각은 오래전부터 마음속에 자리 잡고 있었다.

그러던 어느 날, 자연스럽게 기회가 찾아왔다. 한 원장님이 내 블로그를 보고 연락을 주신 것이다.

그분은 상담 과정에서 클로징(Closing)이 잘 되지 않아 등록으로 이어지지 않는 것이 가장 큰 고민이라고 말씀하셨다. 원비가 높은 고등학원이다 보니, 마지막 순간에 상담이 끊기고 등록이 무산되는 경우가 잦다는 것이었다.

나는 그 이야기를 들으며 솔직히 말했다.

"지금 제가 아이 교육 때문에 말레이시아에 와 있다 보니 오프라인 강의는 어렵습니다. 하지만 온라인 강의라면 가능합니다. 그런데 원장님께서는 어떤 부분 때문에 세일즈 스킬을 배우고 싶으신 건가요?"

대화를 이어가다 보니, 원장님은 결국 '1차 상담'에서 자신감을 잃고 있다는 사실을 털어놓으셨다. 나는 제안했다.

"원장님, 제가 블로그 마케팅을 도와드리고 1차 상담은 제가 대신 맡아보면 어떨까요? 블로그 글을 보고 궁금증이 생긴 분들에게 제가 먼저 응대하고, 이후 2차 상담을 원장님이 직접 진행하시면 훨씬 수월할 겁니다."

그렇게 시작된 것이 블로그 마케팅 대행의 출발이었다.

처음엔 원장님의 블로그에 학원 후기, 학원 소개, 지역 키워드 중심의 콘텐츠를 차근차근 쌓았다. 글이 올라가자마자 문의가 들어오기 시작했고, 실제 상담으로 이어졌다. 원장님은 2차 상담에만 집중할 수 있었고, 등록률도 점점 높아졌다. 그 결과를 확인했을 때, 원장님의 표정은 밝게 빛났고 나 역시 확신이 생겼다. 나는 단지 글을 쓰는 사람이 아니라, 상대가 필요로 하는 것을 감지하고 그것을 언어로 풀어내는 사람이라는 확신 말이다.

입소문은 생각보다 빠르게 퍼졌다. 미술 학원, 논술 학원, 공부방, 인테리어 업체까지 다양한 분야에서 문의가 이어졌다.

"혹시 우리 것도 맡아줄 수 있나요?"

이 질문을 받을 때마다, 내가 걸어온 길이 헛되지 않았음을 느꼈다.

처음엔 단 한 곳으로 시작했지만, 점차 2~3곳으로 늘어나더니 결국 총 8군데 이상의 업체 블로그를 운영하는 1인 마케팅 대행가로 자리 잡게 되었다. 사무실도, 직원도 없었다. 하지만 고객은 내 글을 기다렸고, 나는 그 기대에 부응하기 위해 더 좋은 콘텐츠를 만들고자 늘 공부했다.

특히 그 무렵, 나는 제대로 된 전문성을 갖추기 위해 당시 유명 강사들의 마케팅 강의를 동시에 수강했다. 모르는 부분은 바로 질문했고, 잘 안 되는 건 반복해서 시도하며 익혔다. 그렇게 기존에 하던 방식에서 한 걸음 더 나아가, 보다 체계적이고 전문적으로 학원을 홍보할 수 있는 방법들을 하나씩 몸에 익혀 나갔다. 단순히 글을 써주는 사람이 아니라, 전략적으로 기획하고 결과를 만들어내는 마케터로 성장하고 싶었기 때문이다. 그 선택은 내 길을 더욱 확고하게 만들어주었다.

그렇게 쌓인 경험과 노하우는 지금 강의와 책의 소재가 되었고, 결국 나만의 자립 루트를 만들어 주었다.

말은 단순한 소통이 아니다. 진심을 담은 한마디는 누군가의 뇌리에 이미지로 남고, 그 이미지가 곧 신뢰가 된다. 준비된 말은 곧 사업이 된다. 그래서 나는 오늘도 말한다.

"엄마도 배우면서, 부딪히면서 성장하고 있어. 그러니까 너도 잘 해낼 수 있어. 우리 같이 힘내자."

그리고 그 말은 내 아이에게도, 내 사업에도, 내 삶 전반에도 씨앗이 되어, 이제는 확실한 열매를 맺고 있다.

Tips

<말레이시아에서 활용할 수 있는 나의 언어 루틴 예시>
- 월·수·금: 영어 단어 암기 + 영어 인강 또는 유튜브 강의 1편 학습
- 화·목·토: 중국어 단어 암기 + 중국어 인강 & 1:1 온라인 수업
- 매일: 오늘 배운 단어 5개 블로그나 메모장에 기록
- 아이와 함께: 영화 명대사 따라 말하기 또는 마트·병원·물건 구매 등 생활 속 필요한 표현 함께 연습하기

<다짐 확언>
"나는 지금도 언어로 내 세계를 넓히고 있다."
"나는 배움에 몰입하는 사람이다."

4

글로벌 엄마들과의 교류
: 외로움이 기회가 되다

낯선 환경에서의 삶은 때로 외로움을 동반한다. 하지만 그 외로움은 나를 새로운 만남으로 이끌었고, 결국 외로움은 기회가 되었다. 처음 말레이시아에 왔을 때, 나는 '커피 모닝'이라는 프로그램을 통해 각국의 엄마들을 만날 수 있었다. 그 자리에서 처음으로 느낀 감정은 "문화는 달라도 엄마의 마음은 똑같구나"였다.

내 아이의 눈빛을 읽고, 입학 초기의 걱정을 나누고, 각자의 언어로 "우리도 힘들었어요"라고 말해주던 그 따뜻한 말 한마디가 얼마나 위로되었는지 모른다. 특히 도니(Donnie), 루오(Luo), 랑랑(RangRang), 젠카이(Zenkay) 엄마들과의 인연은 나에게 깊은 유대감과 실질적인 정보 공유의 기회를 주었다. 앞서 내가 얘기했었던 학교에서 매주 열리는 커피 모닝은 단순한 차 한 잔의 시간이 아니라, 학교와 학부모의 소통 시간이었다.

발표는 100% 영어로 진행되었고, PPT 슬라이드는 깨알 같은 텍스트로 빼곡히 채워져 있었다. 발표자들은 마이크도 없이 자연스럽게 설명했기에 영어에 익숙지 않은 나에게는 상당히 어려운 시간이었다. 빠르게 지나가는 화면과 영어 문장들 사이에서 내용을 따라가는 것조차 쉽지 않았고, 자막은 중국어만 제공되었기에 한국 엄마들에게는 더욱 정보 접근이 어려웠다.

처음엔 한국 엄마들과 함께 커피 모닝에 참석해서 얘기를 들었는데 도대체 뭐라고 하는지 알아들을 수가 없었다. 마이크를 이용하지 않으니 잘 들리지도 않았고, 정말 자연스럽고 편안한 분위기에서 진행하다 보니 귀 기울이지 않으면 제대로 이해할 수 없었다. 결국 우리 한국 엄마끼리 눈을 마주치며 서로에게 물었다.

"방금 뭐라고 했는지 들었어요?"
"음… 나는 한 30% 정도는 알아들은 것 같은데…."
"그러면 들었던 것들을 각자 좀 꺼내 봐요 하하. 이렇게 조합하면 하나가 완성되겠지. 뭐."

이렇게 퍼즐 맞추듯 서로의 단편적인 기억을 이어 붙이며 내용을 재구성해 나갔다.

그러면서도 이렇게 매주 반복되다 보니

"아니 그런데… 우리 한국 엄마들도 있는데, 왜 한국어 지원은 안 되는 거야? 똑같은 학비를 내는데 이건 좀 서비스가 말이 안 되는 것 같아. 알아들을 수 있게 자막을 띄워주든지 할 수 있잖아. 너무 배려가 없네!"

이렇게 불평을 쏟아내던 그 찰나, 문득 머릿속을 스친 생각이 있었다.

'지금 이 짧은 시간도 이렇게 힘든데, 우리 아이는 하루 종일 이 환경 속에 있잖아.'

그 순간, 내 불평이 얼마나 작은 것인지 알 수 있었다. 아이는 하루 종일 이 낯선 환경 속을 살아내고 있었으니까.

'자꾸 입 밖으로 불평불만을 쏟아내면 안 돼. 부족하면 채우면 되는 것이고, 모르면 배우면 되는 것이지. 이렇게 자꾸 불평을 얘기하다 보면 나는 이곳에서도 행복하지 못한 삶을 살고 말 거야.'

이런 현실을 이겨내기 위해 나는 다시 심리적 근력, 마인드 파워를 붙들어야겠다고 결심했다. 예전에 큰 위기 속에서도 나를 붙잡아줬던 긍정 확언과 의식의 힘을 다시 꺼내 들었다.

"나는 어디서든 잘 적응하는 사람이다."
"나와 내 아이는 최고의 지원을 받고 있다."
"모든 것은 나에게 유리하게 흘러가고 있다."
이런 확언을 매일 속삭이며 불안과 혼란을 정리해 갔다.

특히 도니 엄마는 내게 큰 힘이 되어주었다. 그녀는 중국인이지만 영어를 곧잘 했다. 영어와 중국어를 섞어가며, 항상 미소로 반겨주었고, 궁금한 점이 있으면 친절하게 설명해 주었다. 도니 엄마와의 대화에서, 나는 언어는 완벽하지 않아도 진심은 통할 수 있다는 것을 배웠다. 서로 번역기를 활용하고 손짓, 발짓으로 대화하며, 우리는 진심을 나누었다. 그녀는 내게 이렇게 말해주었다.

"너 일하느라 바쁠 땐 급하게 학교 오다가 위험해지거나 다칠 수도 있으니까 너무 무리하지 마. 네가 바쁠 땐 우리가 아이를 데리고 가서 같이 놀고, 간식도 먹이고, 숙제도 하고 잘 보살필게. 너는 일에 집중하고, 다 끝나고 나면 이야기해."

도니 엄마뿐만 아니라 루오 엄마도 내게 또 다른 진정엄마

같은 존재였다. 학교 행사 때 아주 가끔 집에서 도시락을 싸 가야 할 때가 있었는데, 나는 무엇을 준비해야 할지 몰라 걱정이 많았다. "난 할 줄 아는 게 없어, 뭘 해야 하지?"라며 고민했더니, 루오 엄마는 환하게 웃으며 말했다.

"걱정하지 마. 내가 루오 편에 이안이 먹을 것도 챙겨 보낼게. 넌 도시락 신경 쓰지 말고 일에 집중해. 혹시 뭘 먹고 싶으면 말해. 이따가 내가 만들어줄 테니까 같이 점심 먹자."

그 말 한마디에 긴장이 풀리고 마음이 따뜻해졌다. 낯선 곳에서의 불안이 누군가의 작은 배려로 이렇게 눈 녹듯 사라질 수 있다는 것을 그때 처음 느꼈다.

매일 아침 귀찮아서 단백질 쉐이크로만 끼니를 때운다는 내 얘기를 듣고는 "너 일하느라 바쁘겠지만 밥은 꼭 먹어야 해. 지금 시간 되면 우리 집으로 와. 같이 아침 먹자"라며 나를 불러주기도 했다. 저녁에는 따끈한 만두를 만들어 우리 집 앞에서 기다리다가 "이거 꼭 데워서 먹어야 맛있어"라며 건네주기도 했다.

그 순간마다 나는 멀리 있는 친정엄마가 생각났고, 또 이렇게 낯선 곳에서도 마음을 나눌 수 있는 소중한 인연들이 있음에 진심으로 감사함을 느꼈다. 언어는 달라도 마음은 통했고, 그 마음이 낯선 삶을 버티게 해주는 힘이 되어주었다.

중국 엄마들과의 인연은 영어 수업에서도 이어졌다. 영국 선생님과 함께하는 영어 수업에 참여했을 때, 우리는 서로 좌충우돌하면서도 웃음 가득한 시간을 보냈다. 문장을 틀려도 함께 웃고, 발음이 이상해도 서로 격려하며 조금씩 성장해 갔다. 그들과 함께 공부하면서, 나는 완벽하지 않아도 괜찮다는 용기를 얻었다. 중요한 건 틀리지 않는 문장이 아니라, 서로에게 마음을 전하려는 진심이었다.

또한, 한 중국인 택시 기사님과의 만남도 기억에 남는다. 아이를 등교시키기 위해 탑승한 그랩 차 안에서 그는 나에게 조용히 말했다.

"부모가 흔들리면 아이도 흔들려요. 부모가 단단하면 아이도 괜찮아질 거예요. 지금은 성적에 전혀 신경 쓰지 마세요. 아이가 가장 힘든 시기거든요. 아이가 학교에 잘 가고 있다는 것만으로도 정말 감사해야 해요. 시간이 지나면 반드시 잘 해내게 되어있어요. 지금은 집에 오면 많이 안아주고 따뜻하게 위로해 주세요. 그것이 아이에게 가장 큰 힘이 될 거예요."

그 말이 얼마나 따뜻하고 강하게 다가왔는지 모른다. 그는 내게 아무 대단한 이론을 들려준 게 아니었지만, 가장 현실적이고 진심 어린 조언을 해주었다. 그날 이후 나는 더 단단한 엄마가 되겠다고 마음을 다잡았다. 이처럼 처음엔 외로움에서 시작된 커피 모닝이, 이젠 연결의 장이 되었고, 다양한 국적을 지닌 엄마들의 따뜻한 유대감 속에서 나는 점점 마음의 평화를 찾아갔다. 그리고 확신했다.

"엄마인 나도, 여기서 자라고 있구나."

이제는 집 근처든, 커피 모닝이든, 영어 수업이든 어디에서나 도니 엄마, 루오 엄마, 랑랑 엄마, 젠카이 엄마가 먼저 반겨준다. 국적과 언어는 다르지만, 아이를 향한 사랑이라는 공통된 마음으로 우리는 서로의 친구가 되었다. 낯선 곳에서 시작된 이 인연은, 오늘도 우리 아이들의 우정만큼이나 깊고 단단하게 이어지고 있다. 다양한 문화를 경험하고 서로의 차이를 이해해 가는 과정에서, 나는 또 한 번의 나를 발견하고 있다. 이곳에서 내가 성장해 가는 모든 순간은, 곧 우리 아이의 성장으로도 이어지고 있다.

외로움은 결국 나를 성장으로 이끈 선물이었다.

Tips

<진심이 통하는 엄마 네트워크 만드는 마인드 루틴>

- 커피 모닝 후 오늘 가장 인상 깊었던 말 1줄로 요약하기
- 눈 마주치며 한 명에게 먼저 인사하기
- "오늘 어땠어요?"라는 질문으로 대화의 장을 열기
- 자국어 + 간단 영어 섞어서 표현 연습해 보기

<다짐 확언>

"나는 오늘도 좋은 사람들과 연결되고 있다."

5

강력한 마인드셋으로
위기를 기회로

"마음이 먼저 무너지면, 모든 게 무너진다."

유학 초기, 나는 그 사실을 뼈저리게 느꼈다. 말레이시아로 이주하고 얼마 지나지 않아 예상치 못한 크고 작은 문제들이 한꺼번에 밀려왔다. 비자 승인 지연, 소통의 어려움, 낯선 환경, 불편한 주거 문제까지… 겉보기에는 차분해 보였지만, 내면은 갈피를 잡지 못한 채 흔들리고 있었다.

우리 아이는 1월 6일에 입학했다. 우리는 12월 말에 모든 비자 서류를 제출했지만, 서류 누락이나 오류 등으로 인해 학교 측에서는 전 학부모들의 서류를 꼼꼼하게 확인하느라 학생 비자 신청이 1월 21일에야 이루어졌다. 애초 예상은 6주 안에 발급이라는 안내였지만, 1월 말에는 말레이시아 최대 명절인 중국 설날(Chinese New Year)이 있었고, 공휴일과 각종 행사가 겹치면서 결국 4월 4주 차까지도 학생 비자는 나오지 않았다. 학생 비자가 나와야 가디언 비자 신청이 가능했기에, 최소 6~7개월은 한국에 돌아갈 수 없었다. 방학이 2주 있었지만, 여권이 필요한 여행은 불가능했다. 심지어 호텔 예약 시에도 여권 제시가 필수였기에, 일상에서도 제약이 많았다.

나는 겉으로는 괜찮은 척했지만, 주변 엄마들이 "도대체 언제 나오는 거야?", "말도 안 돼!", "이러다 1년은 꼼짝 못 하는 거 아냐?"라며 불안감을 표현할 때마다 나 역시 흔들리기 시작했다. 나는 겉으로는 웃으며 "음… 7월쯤 나오겠지 뭐." 하고 넘겼지만, 집에 돌아오는 길엔 괜히 마음이 무거워졌다. 듣지 않으려 해도 들려오는 말들에 내 마음속 불평이 쌓여 갔고, 나도 모르게 눈빛이 달라지고 있었다. 그 와중에 집 문제까지 겹쳤다. 승계 과정에서 한 달 치 대여비를 수수료로 지급했고, 사용하지 않은 요금까지 부담해야 하는 어이없는 상황이 벌어졌다. 마지막에 이사 전에는 에어컨 노후로 인해 전기 요금도 비정상적으로 치솟았고, 한 달에 10여만 원 나오던 요금이 30만 원까지 급증했다. "정말 싫다 싫다 하니 하나하나 다 말썽이네!" 싶은 순간이 이어졌다.

게다가 또 하나의 스트레스는 휴대전화 문제였다. 나는 한국에서 로밍을 유지한 휴대전화와 말레이시아 유심을 넣은 휴대폰을 함께 사용하고 있었다. 하지만 비싼 로밍 요금을 내면서도, 정작 학교나 자주 가는 쇼핑몰에만 가면 한국 휴대전화는 완전히 먹통이 되었다. 통신사에 전화를 걸면 껐다 켰다 해보라거나, 비행기 모드를 켰다가 껐다가 해보라는 정도였다. 그래도 안 되면 통신사 설정을 바꿔보거나 신호가 잘 잡히는 곳으로 이동해 보라는 답이 돌아왔다. 정착 초기라 비싼 요금을 내면서도 어떻게든 한국 번호를 유지하려 했던 건데, 고객의 불편을 제대로 해결해주기보다는 그저 매뉴얼에 적힌 형식적인 답변만 반복하니 낯선 해외에서는 더 당황할 수밖에 없었다. 결국 나도 처음에는 몇 달 정도 로밍을 유지할 생각이었지만, 다른 엄마들처럼 일시정지를 신청할 수밖에 없었다. 하지만 문제는 그 이후였다. 한국에서처럼 은행 결제 후 잔액 문자를 받을 수 없을 뿐만 아니라, 문자 인증이 필요한 각종 업무들도 처리할 수 없게 되었다. 결국 문자 수신을 위해 다시 정지를 해제했다가, 다시 정지하는 일을 반복해야 했고, 그 과정이 무척 번거로웠다.

물론 카드 사용 내역은 앱에서도 확인할 수 있었다. 하지만 이곳의 와이파이는 지역에 따라 불안정해 실시간으로 확인하기가 쉽지 않았다. 게다가 단순한 결제 알림뿐 아니라,

관공서 업무나 각종 행정 절차에서 휴대폰 문자 인증이 꼭 필요한 경우에는 아이핀 인증으로는 대체할 수 없어 아예 처리가 불가능했다. 이런 불편함은 결국 내 일상의 작은 업무들까지도 어렵게 만들었다.

 또 다른 스트레스는 네이버 보호 조치 문제였다. 말레이시아에서 네이버에 접속할 때마다 보안 경고가 뜨고, 일주일에 한 번꼴로 인증이 막히는 불편이 반복됐다. 학교 서류, 집 계약서, 여권 사본까지 제출해도 해외 거주자라는 사실이 명확하지 않다는 답변을 받아야 했다. 그 말 한마디에 말로 표현할 수 없는 짜증과 무력감이 밀려왔다. 처음에는 휴대전화 문자 인증으로 보호 조치를 해제했지만, 로밍폰을 정지한 이후로는 문자를 받을 수 없어 마이핀 인증으로 바꾸었다. 계정 정보와 마이핀 정보가 정확히 일치했음에도, 상담자에 따라 "본인 확인이 되지 않는다"라는 답변을 받기도 했다. 몇 차례 재신청 끝에야 "임시 비밀번호를 발급해 드립니다"라는 문구를 받을 수 있었는데, 그 과정은 너무 번거로웠고 심지어 며칠이나 소요가 되었다. 이후에는 아이핀 인증으로 방법을 바꿨지만, 여전히 불편했다. 모든 정보가 정확히 일치함에도 "본인이 아닐 수도 있어 해제가 어렵다"라는 로봇 같은 답변이 반복되었기 때문이다.

가장 답답했던 건, 문제 해결이 되지 않았음에도 상담이 일방적으로 종료되며 "해제가 어렵습니다. 만족도 조사를 부탁드립니다."라는 메시지가 끝이라는 점이었다. '이게 고객을 대하는 태도인가?' 그 순간 처음으로, '과연 이 플랫폼을 계속 써야 하는지 회의감이 들었다. 이런 불편은 나만의 문제가 아니었다. 해외에서 생활하며 국제 학교에 아이를 보내는 부모들, 비자가 나오기 전 체류 중인 수많은 사람들 모두가 겪는 공통된 문제였다. 그럼에도 아무도 이 문제를 제대로 짚어 주지 않는다는 점이 더 답답했다. 나는 '구매자'이자 동시에 '판매자'의 상황에 있다. 그래서 더 절실히 느꼈다. 소통이 단절된 서비스는 절대 지속될 수 없다는 것. 내가 운영하는 사업에서는 절대로 그런 불통을 반복하지 말자고 스스로 다짐했다.

이 모든 상황이 한꺼번에 밀려오니, 내 감정도 폭발 직전까지 몰렸다. 스트레스는 극에 달했고, 사소한 일에도 쉽게 짜증이 올라왔다. 불안, 분노, 피로가 뒤섞인 내 마음은 한없이 가라앉았고, '내가 꼭 여기까지 와야 했을까?' 스스로 되묻게 되는 순간이 많아졌다. 그때는 정말 아주 힘들었다. 그럴 때마다 내게 따뜻한 위로를 건넨 건 다름 아닌 우리 아이였다.

어느 날, 굳은 표정을 하는 나를 본 아이는 조용히 다가와 이렇게 말했다. "엄마, 잘될 거예요. 내가 하나님께 기도할게요. 엄마, 화내지 마세요. 다 잘될 거예요. 딱 느낌이 그래요."

고사리 같은 두 손으로 내 손을 꼭 잡아준 아이의 모습에 마음이 울컥했다. 나는 아이를 안고 조용히 말했다.

"고마워, 네가 있어서 엄마는 정말 큰 힘이 돼. 너무너무 고마워. 사랑해." 그리고 마음을 진정시키기 위해 수영장 옆 조용한 공간으로 내려갔다. 명상 음악을 들으며 천천히 눈을 감고, 깊은 호흡을 반복했다. 아무도 없는 그 시간, 바람 소리와 잔잔한 물결 소리 속에서 나는 다시 내 안의 중심을 찾아갔다.

사람 사는 일이란 원래 예기치 않은 일의 연속이다. 짜증나는 일도, 불편한 순간도 피할 수 없다. 하지만 그런 감정을 내 마음 안에 쌓아두기만 하면, 결국 상처받는 건 나 자신이었다. 그리고 문득 깨달았다.

'이건 내 감정이지만, 내 아이에게도 그대로 전해질 수 있겠구나…'

그 순간, 나는 다시 마음을 다잡았다. 그 시기에 내가 붙든 건 매일의 루틴이었다. 마음이 흔들릴 때마다 내게 힘이 되었던 마인드셋 강의와 책들, 그리고 의식의 힘을 다룬 확언들과 명상은 무너지는 감정을 다시 일으켜 세우는 든든한 버팀목이 되어주었다. 나는 매일 아침 명상과 함께 확언(affirmation)을 실천했고, 감사 일기를 쓰며 하루의 소중한 순간들을 되새겼다. 억지로라도 "오늘은 바람이 시원했다", "아이의 웃는 얼굴이 고마웠다"라는 말을 적어나갔다. 작고 단순한 이 습관들이 내 마음을 정화하고, 현실을 바라보는 시선을 바꾸기 시작했다.

아이도 마찬가지였다. 한국에서는 영어를 잘했고, TEPA 시험에서 경기도 3등을 할 만큼 학원과 학교에서 인정받던 아이였다.

"모든 과목에서 뛰어나요."
"영어는 단연 1등입니다."
"어머니, 이안이는 걱정도 하지 마세요. 아이가 워낙 영리해서 알려주는 것들을 스폰지처럼 다 흡수해요. 정말 뛰어난 아이예요."

한국에서는 늘 이런 말을 들으며 자신감 넘치던 아이였다. 하지만 이곳에 오자마자 모든 수업을 영어로 받아들여야 했고, 낯설고 막막한 환경 속에서 매일 영어의 파도에 휩쓸리는 느낌이었을 것이다. ELL(영어 집중반)에 들어가면 쉬워질 거라 들었지만, 그 수업조차도 영어로 영어를 설명하는 구조였다. 하루 종일 이어지는 영어의 압박 속에서 결국 참아왔던 감정이 터지고, 아이는 폭풍 같은 눈물을 흘렸다.

그리고 학년의 중간 평가가 다가왔다. 모든 과목 시험을 치러야 했는데, 한국에서라면 늘 자신 있게 준비하던 아이가 이곳에서는 전혀 다른 상황에 놓여 있었다. 한국에서는 언제나 당당하게, 자랑스럽게 시험지를 내놓던 아이였지만, 이곳에서의 첫 중간 평가는 달랐다. 아이는 울음을 삼킨 채 젖어버린 시험지를 내 앞에 내밀었다. 작은 고사리 같은 손이 떨리고 있었다.

나는 아이의 어깨를 감싸 안으며 조용히 말했다.

"엄마는 네가 백 점을 받아서 칭찬했던 게 아니야. 점수가 아니라, 네가 노력하는 그 과정이 더 소중한 거야. 지금 겪는 이 힘든 경험이 곧 너의 성장이 될 거라고 믿어. 너는 누구보다 잘해낼 수 있는 아이야. 엄마는 언제나 너를 믿어!"

그날 밤, 우리는 함께 확언을 외우며 마음을 다잡았다. 명상 음악을 틀고 조용히 하루를 마무리하면서, 아이는 눈물을 닦고 작은 목소리로 확언을 따라 했다. 아직은 떨리는 목소리였지만, 그 안에는 다시 일어서려는 용기와 다짐이 담겨 있었다.

"나는 영어를 점점 더 잘하게 되고 있어."
"나는 새로운 것을 배우는 똑똑한 아이야."
"나는 친구들과 잘 어울리고 있어."
"나는 실수해도 괜찮아. 계속 도전할 수 있어."
"수업 시간에 선생님 말씀을 다 이해할 수 있어."
"나와 함께 마음을 나눌 든든한 친구들이 있어."
"나는 혼자가 아니야. 나를 응원해주는 사람들이 있어."
"나는 어디서든 안전하고 보호받고 있어."
"나는 매일 조금씩 더 나아지고 있어."

그 따뜻한 확언들이 아이의 하루를 지켜주었다. 그리고 나의 하루 역시, 그 확언들을 함께 속삭이며 다시 단단해지고 있었다.

6

내가 모르는 사이 아이도
성장하고 있었다

 우리 아이에게는 친한 친구들도 있었지만, 입학 초기의 수업 어려움만큼은 피할 수 없는 현실이었다. 낯선 교실, 익숙하지 않은 교과서, 그리고 하루 종일 이어지는 영어 수업은 아이에게 하루하루가 전쟁 같았다. 말 한마디 건네는 것도 조심스러웠고, 빠르게 돌아가는 수업 속도에 따라가지 못하는 날이면 눈빛만으로도 '모른다'라는 걸 들켜버릴까 두려웠다. 그 조용한 압박이 아이를 천천히 지치게 만들고 있었다.

 입학한 지 얼마 되지 않았을 무렵, 아이가 조심스럽게 내게 말을 건넸다.

 "엄마, 사진 하나만 줘요. 엄마 사진이면 돼요."
 무엇 때문인지 정확히 알 수는 없었지만, 그 말이 꽤 진지하게 느껴졌다. 나는 가장 밝은 미소로 찍힌 사진 한 장을 골라 건넸고, 아이는 그것을 조심스럽게 OPP 비닐에 넣었다. 그리고 그 뒷면에 자신의 이름과 반을 또박또박 적어 넣었다. 혹시라도 잃어버렸을 때 누군가가 다시 그 사진을 자신에게 전해주길 바라는 마음이었던 것 같다. 그 사진은 아이의 가방 깊숙한 곳에 조용히 자리 잡았다. 아이는 수업 중 버겁고 힘이 들 때면 가방을 열어 그 사진을 꺼내 보았고, 노트북을 열 때마다 바탕화면에 담긴 내 모습을 보며 조용히 되뇌었다고 했다.

"엄마, 제게 힘을 주세요. 제가 잘할 수 있다고 말해주세요."

그 얘기를 듣고 나서야 알았다. 내가 쓰던 PC와 아이의 학교용 프로그램들이 학부모 계정을 통해 연동되어 있었던 것이다. 아이는 미성년자라 내 아이디로 가입해 주었는데, 그래서 내 PC에서 사진이나 구성을 변경하면 그대로 아이의 PC에도 반영되는 구조였다. 이 사실을 알게 된 순간, 한 가지 아이디어가 떠올랐다.

노트북을 켤 때마다 나오는 작은 프로필 사진을 아이와 내가 함께 찍은 사진으로 바꿔주었고, 바탕화면도 새롭게 꾸몄다. 사진 옆에는 응원의 문구를 정성스레 적어 넣었다.

"우리 이안이가 최고지!"
"넌 뭐든지 잘할 수 있어, 아무 걱정하지 마~~"
"밥 잘 먹고 친구들이랑 재밌게 놀고 와~"
"이따 엄마가 데리러 갈게."

학교에서 불안하고 떨릴 때마다, 화면 속에서 건네는 엄마의 메시지가 아이의 마음을 붙들어주기를 바랐다. 다음날, 아이는 수업 시간에 노트북을 켜고 그 화면을 보자 눈물이 핑 돌았다고 했다. "그 화면을 볼 때마다 더 힘이 난다"고 말하는 아이의 모습에서, 내 작은 배려가 얼마나 큰 위로가 되었는지 알 수 있었다.

며칠 후 담임 선생님께서도 따뜻한 피드백을 주셨다.

"어머니, 아이디어가 너무 좋아요. 적응 초기에는 아이들이 많이 힘들어하는데, 이안이에게 큰 힘이 될 거예요. 가정에서도 이렇게 적극적으로 지원해주시니 감사합니다."

그 말에 다시 한번 용기를 얻었다.

나는 아이를 위해 작은 응원을 다했지만, 아이는 엄마가 걱정할까 봐 10가지 걱정 중에서도 가장 큰 한두 가지만 털어놓았다. 그리고는 늘 "더 노력해볼게요, 제가 더 잘해볼게요"라는 다짐으로 마무리했다. 하지만 아이의 눈빛을 마주할 때면, 처음 적응 시기에 얼마나 불안했고 또 힘들었는지, 그리고 그 모든 것을 어린 마음으로 꿋꿋하게 견뎌내고 있다는 게 고스란히 전해졌다.

그럼에도 불구하고 정작 학교에서 어떤 모습으로 하루를 보내는지까지는 세세히 알 수 없었다. 그런데 뜻밖에도, 그 이야기를 도니 엄마를 통해 전해 들을 수 있었다.

"엄마, 이안이는 학교에서 수업 시간마다 엄마 사진을 꺼내 봐요."
"그래? 왜 그럴까?"

도니는 잠시 머뭇거리더니 조심스럽게 말을 이었다.
"슬픈 얘기일 수도 있어서, 제가 이안이에게 직접 물어보지는 못했어요. 확실하진 않지만… 혹시 이안이 엄마는 하늘나라에 계신 거 아닐까요? 그래서 학교에서도 너무 보고 싶어서 계속 사진을 보는 게 아닐까 싶었어요. 사진을 들여다보는 모습이 울 것 같은 얼굴처럼 보였거든요."
그 말을 전해 들은 도니 엄마는 순간 말을 잇지 못하고 눈시울을 붉혔다고 했다.
며칠 후에는 이런 이야기도 전해주었다.

"엄마, 내일은 도시락 싸가고 싶어요. 이안이가 학교 밥을 잘 못 먹거든요. 엄마가 싸주신 밥을 먹으면 잘 먹을 수 있을 것 같아요."

도니가 그렇게 말했다는 것이다. 우리 아이는 나에게 늘 괜찮다고 했다. "엄마 바쁘시니까 학교에서 밥 사 먹어도 돼요. 나는 한식을 좋아하지만 학교 급식도 나쁘지 않아요. 어떤 날은 내가 좋아하는 포테이토도 나오고, 피자도 나와요."

그렇게 괜찮다고 말하던 아이였기에 정말 그런 줄 알았다. 하지만 도니의 말에 따르면, 이안이는 점심시간마다 밥알을 하나씩 세며 겨우 먹고 있었다고 했다. 사실은 급식이 입에 잘 맞지 않아 거의 먹지 못했던 것이다.

집에 와서 허겁지겁 뭔가를 먹는 모습을 보며 "한창 크는 시기라 그런가 보다"라고만 여겼지, 정작 학교에서 밥을 제대로 먹지 못하고 돌아왔다는 걸 나는 몰랐다. 그 이야기를 듣는 순간, 가슴이 꽉 막히는 듯했다.

며칠 후, 나는 아이에게 혹시 밥을 굶고 다니는 건 아닌지 조심스럽게 물어보았다. 내색하지 않으려 했지만, 마음 한켠에서는 아이가 하루 종일 배고픈 건 아닐까 하는 걱정이 계속 맴돌았다. 아이는 잠시 머뭇거리더니 휴대폰 속 사진을 내게 보여주었다. 사진 속 급식은 형형색색으로 낯설게 보였다. 아이가 말했다.

"엄마, 밥이 초록색, 파란색으로 나와요. 그래서 도저히 먹기가 힘들었어요. 치킨도 자주 나오는데 빨갛게 양념돼 있어서 보기만 해도 매워 보여서 못 먹겠더라구요. 내가 감자를 정말 좋아하는데, 하루는 포테이토가 나왔어요. 근데 먹어보니까 내가 아는 그 맛이 아니라 흙맛이 나더라구요. 무슨 양념을 했는지 모르겠지만요. 그러니까 하루 종일 무거운 가방 메고 이 교실 저 교실 옮겨 다니는데, 밥조차 입에 맞지 않으니 너무 배가 고팠어요. 수업 중에 배에서 꼬르륵 소리 날까 봐 엄청 조심했어요, 하하."

그 말을 듣는 순간 가슴이 저렸지만, 아이의 표정은 금세 학교 급식 이야기를 하며 웃음으로 변해 있었다. 사진을 함께 보며 "이건 진짜 먹기 힘들겠다.", "와, 색깔이 정말 특이하네." 우리는 그렇게 함께 웃었다. 힘들었던 순간조차 웃음으로 털어낼 수 있는 아이의 용기에, 오히려 내가 더 큰 위로를 받았다.

며칠 뒤, 이런 이야기들을 도니 엄마에게 해주었다. 그러자 도니 엄마는 놀라면서도 환하게 웃었다.

"알고 보니 그런 거였어? 적응 시기에는 당연히 그렇지!

나는 솔직히… 이안이 엄마가 없는 줄 알고 너무 걱정했잖아. 계속 사진을 본다고 해서 마음이 아팠거든. 그리고 밥도 통 못 먹고 다닌다고 하니까, 얼마나 힘들었을까 싶어서 이안이가 많이 걱정됐어."

잠시 후 도니 엄마는 나를 바라보며 진심 어린 목소리로 덧붙였다.

"앞으로도 걱정되면 나한테 얘기해. 같이 보살펴줄게."

그 말처럼 도니 엄마는 늘 음식을 넉넉히 싸 주었다. 한식을 좋아하는 이안이를 생각해서 어느 날은 김밥을 몇 줄 더 챙겨주었고, 또 다른 날에는 치킨 윙이나 만두, 소시지빵, 과일까지 번갈아가며 보냈다. 도니는 그 도시락을 이안이에게 건네며 늘 이렇게 말했다고 한다.

"오늘 이건 이안이, 네 할당량이야. 이건 꼭 먹어야 우리 수업도 다니고 같이 놀 수 있어~"

집에 와서 이안이가 내게 이야기했다.

"엄마, 도니 엄마가 다른 친구들한테는 안 주면서 나한테만 '너는 좀 잘 챙겨 먹어야 해' 하면서 도시락에 과일이랑 치킨윙이랑 이거저거를 항상 챙겨줘요. 나도 도니에게 뭔가 해주고 싶어요."

그 말을 듣는 순간, 마음이 뭉클해졌다. 그래서 나는 그다음 날부터 도시락을 싸줄 때 도니와 친구들이 함께 나눠 먹을 수 있는 음식까지 더 챙기기 시작했다. 김밥을 조금 더 썰어 넣고, 어느 날은 치킨 너겟이나 닭강정을 넉넉히 담아 보내기도 했다. 도니가 고기를 좋아한다고 해서 불고기를 더 넉넉히 싸준 날도 있었고, 파전을 아이들이 먹기 좋게 작은 크기로 부쳐 넣어주기도 했다. 한국의 나물 반찬도 곁들여 보냈는데, 아이들이 신기하다며 맛있게 먹었다고 했다.

사실 나는 요리를 잘하는 편이 아니었다. 하지만 아이들을 위해 유튜브 영상을 보며 하나씩 따라 만들다 보니, 하루하루 지날수록 할 수 있는 요리의 가짓수도 조금씩 늘어갔다. 무엇보다 아이들이 음식을 먹고는 "이거 너무 맛있어!" 하고 말해줄 때마다 나도 덩달아 신이 났고, 그래서 더 다양한 음식을 도전할 용기가 생겼다.

또 아이들이 좋아하는 과일을 넉넉히 담아 보내며 "이건 다 같이 나눠 먹어라" 하고 건네기도 했다. 국적은 달라도 서로를 챙기고 위하는 마음은 같았다. 낯선 땅에서 또 다른 엄마가 있다는 사실이 내게 큰 위로가 되었고, 아이 역시 그 따뜻한 정을 통해 조금씩 학교에 적응해 나가고 있었다.

그리고 마침내, 3개월 만에 아이는 ELL 과정을 성공적으로 패스했다. 학기 말, 모든 중학생이 모인 강당에서 수료식이 열렸고, 아이의 이름이 제일 먼저 불렸다. 당당한 걸음으로 단상에 올라선 아이는 자신감 넘치는 미소로 수료증을 받아들었다. 그 순간, 나는 단순히 박수를 친 것이 아니었다. 그 아이가 견뎌냈던 수많은 눈물, 꾹 참고 들었던 수업들, 하루가 끝나면 자신을 안아주듯 잠들던 그 모든 시간이 주마등처럼 스쳐 갔다. 나는 그 모든 날을 기억하며, 그 아이의 '오늘'을 마음 깊이 축복했다.

입학 초기, 아이는 매일 하교 시간마다 눈물을 머금고 나를 향해 달려왔다. 작은 어깨를 감싸 안고 "잘했어, 정말 잘했어"라고 날마다 다독이던 나. 그랬던 아이가, 어느 날은 해맑은 얼굴로 "엄마!" 하고 달려오는 순간, 나는 깨달았다. 우리는 함께 이겨냈다는 것을.

그리고 그 시간을 지나며, 나는 더욱 선명히 깨달았다. 어려움은 피할 수 없지만, 그것을 어떤 시선으로 마주하느냐에 따라 삶은 전혀 다른 길로 흘러갈 수 있다는 것을. 그리고 그 변화는 멀리 있는 거창한 무언가에서 시작되는 것이 아니라, 늘 가장 가까이에서 아이의 하루하루를 함께 살아내는 존재, 바로 '엄마'인 나로부터 시작된다는 사실을.

Chapter 4

아이 교육을 지키기 위한 현실 자립의 선택

1

"비상이다"라는 신호, 나는 움직이기 시작했다

 말레이시아로 아이 교육을 위해 이주하던 시기, 나는 이미 모든 것이 준비됐다고 믿었다. 단순한 이주가 아니라, 아이의 미래를 위한 투자이자 내 삶의 전환점이라고 생각했다. 출국 전까지 위탁 판매로 수익도 꾸준히 나고 있었고, 몇 달은 여유 있게 쓸 수 있는 자금도 마련해 두었다. 게다가 매달 일이 돌아가고 있었으니, 수익은 끊이지 않을 것이라 크게 신경 쓰지 않아도 될 정도라고 자신했다.

 그뿐만 아니라, 단순히 돈만 준비한 것이 아니었다. 마인드 관련 공부를 꾸준히 했고, 자기계발 강의도 놓치지 않았으며, 매일 확언과 시각화를 반복하며 멘탈을 단단히 다져왔다.

"환경이 바뀌어도 나는 흔들리지 않아. 어떤 상황이 와도 다시 만들어낼 수 있어."

나는 그렇게 자신하고 있었다.

하지만 그건 큰 오산이었다. 현실은 내가 그려온 시뮬레이션보다 훨씬 거칠고, 더 빠른 속도로 다가왔다.

집 주변 환경은 아주 좋았고, 이름 있는 콘도라 기대도 컸다. 그러나 집 관리를 맡은 에이전트가 제대로 일을 처리하지 않고 세입자에게 책임을 전가하다 보니, 겉보기에는 훌륭한 집이었지만 실제로는 노후된 부분이 곳곳에 숨어 있었다. 입주 전에는 미처 보지 못했던 문제들이 터져 나오면서, 갑작스러운 수리비가 내게 고스란히 부담으로 돌아왔다.

방역도 원래는 입주 시 요청하면 해주는 절차였는데, 나는 그런 안내조차 받지 못해 직접 비용을 내고 진행해야 했다. 화장실 천장에서는 물이 새어 수리비를 감당해야 했고, 한 달과 사흘 정도가 지났을 무렵에는 거실과 주방 에어컨 두 대가 동시에 고장 나 미지근한 바람만 나왔다. 나는 당연히 집주인이나 에이전트가 책임질 줄 알았지만, 돌아온 답은 달랐다. "한 달이 지났으니, 이제부터는 세입자가 직접 고쳐야 합니다." 결국 메인보드가 나간 두 대의 에어컨을 큰 비용을 들여 내가 수리해야 했고, 노후된 에어컨 탓에 전기세마저 비정상적으로 높게 나왔다.

여기에 집 렌트비 자체도 적지 않았고, 차량 렌트비까지 매달 고정으로 빠져나갔다. 아이 학교에서는 교복·교재·각종 준비물이 필요했고, 체험 학습이나 행사 때마다 추가 비용이 붙었다. 초반 적응을 돕기 위해 등록했던 학원비까지 겹치자, 지출은 눈 깜짝할 새 두 배, 세 배로 불어났다.

 더 답답했던 건 한국에서도 여전히 빠져나가는 고정 지출이었다. 사용하지도 않는 자동차 보험료, 비워둔 집의 공과금과 관리비…. 결국 한국과 말레이시아 두 나라에서 동시에 돈이 '물 새듯' 빠져나가고 있었던 것이다.

 나뿐만 아니라 다른 집들도 상황은 크게 다르지 않았다. 엄마들이 모여 얘기할 때면,

 "생각보다 돈이 초반에 너무 많이 나가. 돈이 막 물 흐르듯 새니까 너무 걱정돼. 우리가 나름대로 잘 알아보고 왔다고 해도 이런 것까지는 다 계산할 수 없었잖아. 나도 여기서 뭔가 일을 찾아야 하지 않을까…."라는 말들이 오갔다. 그런 이야기를 듣다 보니, 아무리 멘탈이 강한 나라고 해도 마음 한 구석이 흔들릴 수밖에 없었다.

 불안은 일상 속에서도 엄습했다. 아이 학교 통학길에는 오토바이들이 한 줄로 빽빽하게 달려서 옆을 스쳐 지나가곤 했다. 나는 그 틈을 뚫고 운전하며 긴장으로 온몸이 뻣뻣해졌

고, 아이를 안전하게 데려다주는 일 자체가 하루의 큰 부담이었다. 집에 돌아오면 잠깐 일을 하고, 다시 하교 시간에 맞춰 데리러 가야 했다. 하루가 분주하긴 했지만 뭔가 계획 없이 흘러가는 듯했고, 정작 내 시간을 확보하기는 어려웠다.

어느 날은 특히 지쳤다. 오후에 아이를 데려와 집에 돌아오자마자 소파에 몸을 던져버렸다. "너무 피곤해, 너무 지친다. 체력이 약해서 그런 걸까? 왜 이렇게 버거울까?" 스스로를 탓하다가 번뜩 생각이 스쳤다.

"아, 내 마인드가 무너졌구나. 그러니 불안이 계속 밀려오는 거지."

그 순간 나는 결심했다. 책을 다시 펼쳐 읽자. 이동할 때는 마인드 관련 강의를 이어폰으로 들으며, 확언을 다시 시작하자. 무너져가는 정신을 붙들지 않으면 안 되겠다는 절박함이 나를 다시 일으켜 세웠다.

마음을 다잡고 나니, 이제는 단순히 "해야 할 일"이 아니라 "앞으로의 목표를 반영한 중요한 일"을 적어야겠다는 생각이 들었다. 그래서 나는 매일 아침, 노트에 6가지 중요한 일을 적기 시작했다. 하지만 그것은 평소처럼 늘 하던 일들의 체크리스트가 아니었다.

- 지금 내 상황에서 반드시 해내야 할 과제,
- 향후 내가 강사·작가로 나아가기 위해 필요한 공부,
- 당장 수익을 만들어낼 수 있는 실행 항목,
- 내 체력과 마인드를 지탱하기 위한 루틴,
- 들었던 강의 중에서 실제로 적용할 수 있는 아이디어,
- 그리고 미래의 나를 준비시키는 작은 훈련들.

나는 이렇게 현재와 미래를 동시에 반영한 6가지 과제를 기록했고, 하나씩 실행에 옮기기 시작했다. 그날그날 적어 내려간 항목이 단순한 일정 관리가 아니라, 내 삶을 다시 세우는 지도가 되어주었다.

하루를 다 보내고 나서, 그 6가지를 하나라도 실천했다면 '오늘은 의미 있는 하루를 살았다'라는 확신이 들었다. 작은 실행이 쌓이며 내 안의 자신감이 되살아났고, 흔들리던 마음은 점차 안정되기 시작했다.

그런데, 6가지 일을 적고 하나씩 해나가다 보니 점점 더 필요하다고 느껴지는 것이 있었다. 바로 나를 움직이게 만드는 원동력이었다.

메리케이 비즈니스를 할 때도, 성형외과에서 일할 때도, 늘 나를 밀어주고 점검해주는 사람이 있었다. 하지만 지금은

홀로 서 있다 보니, 아무리 단단한 멘탈을 가진 나라 해도 혼자일 땐 느슨해지기 쉬웠다. 피곤하면 하루쯤은 미루고 싶고, 바쁘다는 이유로 넘어가고 싶었다. 나는 누군가가 옆에서 "더 할 수 있다, 지금 멈추면 안 된다"라고 밀어주는 힘이 절실했다. 그 순간 마음속에서 번쩍 스쳤다.

'맞아, 나에게도 선생님이 필요해. 단순히 새로운 지식을 주는 사람이 아니라, 내가 멈추지 않고 끝까지 실행할 수 있도록 동력을 주는 선생님.'

나는 곧바로 공고를 올려 내 조건에 맞는 분을 찾기 시작했고, 마침내 선생님을 만났다. 그분은 내 이야기를 처음부터 끝까지 들어주셨다. 내가 하고 있는 위탁 판매, 강의 준비, 블로그까지 하나하나 살펴본 후 이렇게 말씀하셨다.

"도연님, 지금은 새로운 걸 배우는 게 중요한 게 아니에요. 이미 알고 있는 걸 실행하는 게 필요합니다. 제가 그걸 도와드리겠습니다."

그분은 일주일 단위로 숙제를 내주셨다. 강의 자료와 PPT

를 만들고, 블로그를 새로 개편하거나 분리해 브랜딩을 정리하라는 것이었다. 기존 블로그에는 강의 준비, 마케팅 대행, 위탁 판매 글이 뒤섞여 있었는데, 선생님은 "브랜딩은 메시지가 명확해야 한다"며, 작가·강사 블로그는 하나로 합치고, 마케팅 대행 블로그는 따로 세우라고 조언했다.

나는 숙제를 하루 단위로 세분화해 나눠서 실행했다. 선생님은 매일 오후가 되면 내게 메시지를 보내셨다.

"오늘 하신 분량 캡처해서 보내주세요. 내용은 가려도 돼요. 중요한 건 '실행이 쌓이고 있는가'이니까요."

그 말은 단순한 확인이 아니었다. 지쳐서 미루고 싶은 마음을 단단히 붙들어 주는 채찍이자 끈이었다.

그 과정 속에서 나는 점점 속도를 붙였다. 위탁 판매 강의를 체계화했고, 블로그를 재정비하며 강사·작가로서의 브랜딩을 세웠다. 동시에 마케팅 대행 블로그를 따로 운영하며 꾸준히 홍보 글을 올렸고, 결국 수주로 이어졌다. 그렇게 나의 일은 점점 안정권에 접어들기 시작했다.

하지만 '안정'이란 말은 결코 멈춤을 의미하지 않았다. 오히려 그 안정이 새로운 가능성을 확인시켜 주었고, 더 큰 도전으로 나아갈 수 있는 발판이 되었다.

그때 다시 한번 깨달았다.

결국 성장을 가로막는 것은 '무지(無知)'가 아니라 '미룸'이라는 사실을.

새로운 것을 배우는 것도 중요하지만, 이미 알고 있는 것을 당장 실행하지 않으면 지식은 그저 머릿속에 쌓인 짐에 불과했다. 선생님과의 약속 덕분에 나는 매일 작게라도 전진했고, 그 작은 발걸음이 쌓여 눈에 보이는 성과를 만들어냈다.

블로그에 글을 올리면 이내 댓글과 메시지가 도착했다.

"이거 저도 해보고 싶어요. 저도 위탁 판매를 배우면 뭔가 물건을 사서 파는 일을 할 수 있나요? 오프라인으로 배워야 하나요? 제가 거리가 먼데… 온라인으로 수업도 가능한가요?"

"물건 파는 것도 배우고 싶은데, 우선은 언니가 올린 제품을 저도 사고 싶어요. 어떻게 하면 살 수 있나요?"

"저도 지금 아이 키우면서 할 수 있는 일을 찾고 있는데, 아이가 어리다 보니 직장에 나가 몇 시간씩 근무하는 건 불가능하거든요. 위탁 판매는 집에서 할 수 있는 일인가요? 제가 직접 물건을 사러 다녀야 하는 건가요, 아니면 어떤 방식으로 시작하면 되나요? 저도 꼭 필요해요."

그 반응 하나하나가 나에게는 또 다른 확신이 되었다.

'내가 걸어온 길이 누군가에게는 지도이자 길잡이가 될 수 있구나.'

그때부터 나는 단순히 물건을 파는 사람을 넘어, 방법을 나누는 사람이 되기 시작했다. 나의 시행착오가 누군가에게는 시행착오를 줄여주는 길이 될 수 있고, 내가 정리한 노하우가 누군가의 첫 수익으로 이어질 수 있다는 사실은 큰 책임감과 동시에 강력한 동기가 되었다.

그리고 나는 점점 확신하게 되었다. 지금의 작은 실행은 단순한 부업이 아니라, 앞으로 나를 단단하게 세워줄 지속 가능한 구조의 씨앗이라는 사실을.

내가 어디에 있든, 어떤 상황에 있든, 수익이 멈추지 않고 흐르는 시스템. 그것이 지금 나에게 가장 절실한 일이었다. 물론 그런 구조는 하루아침에 만들어지지 않는다. 하지만 질문하고, 시도하고, 실패하고, 다듬고, 다시 시도하면 반드시 길은 열릴 것이라는 확신이 있었다.

이제 나의 목표는 단순히 '버티는 삶'이 아니라 '살아내는 삶'이다.

아이와 내가 이곳에서 의미 있게 존재할 수 있는 삶.

그 삶을 가능하게 만드는 건, 내가 가진 경험과 언어, 그리고 그것을 콘텐츠와 구조로 연결해내는 힘이었다.

나는 더 이상 위기를 두려워하지 않는다.
오히려 위기를 감지하고, 그 속에서 기회를 발견하는 눈을 갖게 된 내가 스스로도 대견할 만큼 단단해졌다.
그리고 이 작은 시작이 어떻게 현실 속 수익과 브랜드의 흐름으로 이어졌는지는, 다음 장에서 이어가겠다.

2

절약의 한계를 넘어서,
수익을 만드는 사람으로

 사람들에게 부업을 알려주고, 작은 판매가 실제로 일어나기 시작하면서 나는 다시금 '판매'라는 익숙한 영역으로 들어가고 있었다. 누군가에게는 처음 경험하는 설레는 시작이었지만, 나에게는 오랜 시간 손에 익은 루틴이었다.

 나는 한국에서 8년 넘게 위탁 판매를 해왔다. 단순히 물건을 올리고 파는 수준이 아니라, 어떤 제품이 팔릴지, 고객이 어떤 문구와 사진에 반응하는지, 어느 시간대에 글을 올려야 조회수가 더 잘 붙는지까지 몸으로 익혀온 사람이었다.

 한때는 하루도 거르지 않고 스마트 스토어에 세 개씩 상품을 등록하는 것을 나만의 루틴으로 지켜왔다. 물론 매일 세 개를 올린다고 해서 모두 팔리는 것은 아니었다. 그러나 팔리지 않는 상품은 왜 안 팔렸는지, 가격 때문인지, 사진 때문인지, 아니면 시장 자체가 없었던 것인지를 스스로 분석하고 개선해 나가면서 나는 조금씩 더 단단해졌다.

그래서 말레이시아라는 새로운 환경에서 다시 위탁 판매를 시작하는 일은, 내게 그다지 낯설지 않았다.

"언제든 다시 시작할 수 있다"라는 자신감이 내 안에 있었으니까. 하지만 동시에, 나는 익숙한 영역 속에서 아주 낯선 진실 하나를 마주해야 했다.

"사람은 같아도, 시장은 다르다."

한국에서 분명히 반응이 좋았던 제품들이 이곳에서는 전혀 반응이 없었다. 가격도 문제없고, 품질도 뛰어났고, 배송도 안정적이었지만 팔리지 않았다. 나는 처음엔 의아했다. "이 정도면 당연히 반응이 와야 하는데, 왜 안 팔릴까?" 하지만 곧 깨달았다. 말레이시아에서의 '필요'는 한국과 달랐던 것이다. 제품의 스펙이나 기능이 중요한 게 아니라, 그 사람의 일상 속에서 피부로 와닿느냐가 전부였다. 그 깨달음은 내가 바라보는 관점을 완전히 바꿔놓았다. 팔기 위해 무엇을 찾는 것이 아니라, 무엇이 불편하고 무엇이 필요한지를 먼저 관찰하는 태도로 전환하게 된 것이다.

내게 가장 먼저 크게 다가온 불편함은 바로 '물'이었다. 정수되지 않은 수돗물, 샤워 후 뻣뻣해진 피부, 금세 뒤집히는 아이의 피부 트러블, 이유 없이 자주 배탈이 나서 아파하는 이안이의 모습이 쌓이자 나는 본능적으로 대처할 방법을 찾기 시작했다. 그리고 그 해답은 한국에서 이미 먹이던 유산균이었다. 아이에게 유산균을 먹이고 나니 아이의 모습이 눈에 띄게 달라졌다. 자잘한 트러블이 사라지고, 배탈도 줄어들었다. 사실 그걸로도 내게는 충분했지만, 더 큰 변화는 그 경험을 블로그에 기록하면서 시작되었다.

나는 솔직하게 적었다. "이거 정말 괜찮아요. 우리 아이가 눈에 띄게 달라졌어요." 거창한 마케팅 문구가 아니었다. 그저 내가 겪은 경험을 담담하게 풀어낸 기록이었다. 그런데 놀랍게도 그 글에 사람들이 반응하기 시작했다.

"어디서 살 수 있나요?"
"말레이시아에선 구할 수 없나요?"
"저도 아이 때문에 고민 중이었어요."

단순한 후기 하나가 누군가에게는 정보가 되고, 또 누군가에게는 출구가 되었다. 그 순간 나는 확신했다. 사람들은 단순히 물건을 사는 것이 아니라 신뢰를 사고 있다는 것을. 그리고 그 신뢰는 진짜 경험에서 시작된다는 것을.

 그때부터 나는 위탁 판매를 단순한 수익원이 아니라, 나의 경험과 콘텐츠, 그리고 브랜딩을 연결하는 플랫폼으로 바라보기 시작했다. 판매되는 제품 하나하나에 나의 경험이 담기고, 그 경험이 콘텐츠로 재탄생하며, 그 콘텐츠가 또 누군가의 시작점이 되고 있었다. 그리고 나는 알게 되었다. 이 흐름이야말로 내가 정말 잘할 수 있는 일이자, 앞으로 확장해야 할 길이라는 것을. 판매를 넘어서, 설명하고 정리하고 연결하는 일. 사람들에게 실제로 '시작'을 선물해 주는 일. 이제부터 펼쳐질 이야기는 바로 그 흐름 속에 있었다.

 그때부터 나는 위탁 판매를 단순한 수익원이 아니라, 나의 경험과 콘텐츠, 그리고 브랜딩을 연결하는 플랫폼으로 바라보기 시작했다. 판매되는 제품 하나하나에 나의 경험이 담기고, 그 경험이 콘텐츠로 재탄생하며, 그 콘텐츠가 또 누군가의 시작점이 되고 있었다. 그리고 나는 알게 되었다. 이 흐름이야말로 내가 정말 잘할 수 있는 일이자, 앞으로 확장해야 할 길이라는 것을. 판매를 넘어서, 설명하고 정리하고 연결하는 일. 사람들에게 실제로 '시작'을 선물해 주는 일. 이제부터 펼쳐질 이야기는 바로 그 흐름 속에 있었다.

하지만 나는 잘 알고 있었다. 수익 구조를 세우는 일만큼이나 중요한 것이 바로 버티는 힘이라는 것을. 돈이 한정돼 있으니, 절약은 당연히 필요했다. 줄이고 또 줄이면 어느 정도는 버틸 수 있다. 그러나 그 끝은 분명했다. 세 끼 먹던 밥을 두 끼로 줄일 수는 있어도, 낯선 땅에서 아이와 함께 살면서 하루 한 끼, 혹은 이틀에 한 끼만 먹으며 버틸 수는 없는 노릇이었다. 줄이는 것만으로는 삶을 지켜낼 수 없었다. 절약에는 분명한 한계가 있기 때문이다.

그래서 나는 길을 넓히려면 수익을 만들어야 한다고 생각했다. 그 길은 단순한 판매뿐 아니라, 내가 가진 경험과 마케팅 감각을 활용해 브랜딩을 확장하는 것에서도 열릴 수 있었다.

추가적인 수입은 언제나 존재한다. 위탁 판매처럼 눈에 보이는 매출도 있었고, 마케팅 대행처럼 브랜드를 만들어 확장시키는 길도 있었다. 나는 그 길을 붙잡았다. 위탁 판매 경험을 강의로 풀어내고, 블로그 마케팅을 대행하며 포트폴리오를 쌓고, 다시 그것을 다른 곳에 제안하며 내 사업의 폭을 넓혔다.

그 과정에서 나는 절약과 브랜딩의 본질적인 차이를 더욱 선명하게 보게 되었다.

절약은 나를 버티게 하지만, 브랜딩은 나에게 길을 열어주었다.

절약은 끝이 정해져 있지만, 브랜딩은 확장성이 있었고, 누군가의 삶을 바꾸는 힘까지 함께 담겨 있었다.

이제 나는 더 이상 숫자만 바라보며 하루를 버티는 사람이 아니었다.

내 경험을 가치로 바꾸고, 그 가치를 브랜드로 확장하며, 그 브랜드가 또 다른 기회를 만들어내는 과정을 직접 눈으로 확인한 사람이 되었다. 그리고 그 경험은 내 안에서 하나의 분명한 결론으로 자리 잡았다.

"절약으로는 내일을 지킬 수 없다. 하지만 브랜딩은 내일의 길을 넓혀준다."

나는 이 진실을 내 경험뿐 아니라, 다른 사람들의 사례를 통해서도 확인할 수 있었다. 위탁 판매 강의를 통해 알게 된 분들 가운데 몇몇은 단순히 물건을 파는 기술만이 아니라, 자신의 강점을 어떻게 드러내고 브랜드로 확장할 수 있는지를 함께 배우게 되었다. 그 과정에서 나는 자연스럽게 마케팅 대행과 브랜딩 컨설팅까지 이어가게 되었다.

첫 번째 사례는 수학 공부방이었다.

한 원장님은 집에서 소규모로 공부방을 운영하고 계셨다. 아는 지인 위주로 원생을 받다 보니 늘 원생 수가 부족했고, 수입도 한 달 한 달 근근이 유지되는 정도였다. 게다가 원장님의 따님이 수학과를 전공했지만, 취업 시장이 좁아 큰 수입을 기대하기 어려워 걱정이 크셨다.

나는 원장님과 함께 전략을 짰다.

인근 지역 키워드를 활용해 검색 노출을 높이고, 중·고등 자녀를 둔 부모들이 실제로 고민할 만한 주제들을 블로그 글로 풀어냈다. "수학 성적이 안 오르는 이유 3가지", "아이에게 맞는 학습 루틴 만들기" 같은 글을 작성했고, 실제 상담과 수업 후기들을 콘텐츠로 기록했다.

결과는 빠르게 나타났다. 점차 문의가 늘어났고, 원생 수도 안정적으로 확보되었다. 결국 공부방은 학원으로 확장되었고, 따님까지 정식으로 합류해 '가족 학원'으로 자리 잡을 수 있었다. 단순히 원생이 늘어난 것이 아니라, 원장님의 걱정이던 따님의 진로까지 연결되는 길이 열린 것이다. 브랜딩이 새로운 길을 만든 순간이었다.

두 번째 사례는 작은 동네 미술 학원이었다.

이 학원은 초등학교 앞에 자리 잡고 있었지만, 그 학교 전

교생이 200명 남짓에 불과해 성장에 한계가 있었다. 특히 오전 시간대에는 아이들이 오지 않아 원장님은 늘 아쉬워하셨다. 상담 과정에서, 원장님이 퍼스널 컬러 자격증을 갖고 있다는 사실을 알게 되었다.

나는 그 강점을 살리기로 했다. 인근 초등학교 학부모회와 가정 지원 센터에 제안을 넣어 오전 프로그램으로 '퍼스널 컬러 + 메이크업 클래스'를 운영할 수 있도록 연결했다. 수업 현장은 사진으로 기록해 콘텐츠로 홍보했고, 미술 학원 학부모들도 자연스럽게 참여하게 만들었다.

그 결과, 학원은 단순히 초등·유치부 대상 공간에서 벗어나, 중등 미술·성인 미술·실버 미술까지 확장되었다. 이제는 동네 주민들만 찾는 학원이 아니라, 30분·1시간 거리를 넘어 일부러 찾아오는 학원이 된 것이다. 오전에는 성인과 학부모 대상 프로그램, 오후에는 아이들 수업, 주말에는 외부 출강까지 이어지며 학원은 완전히 새로운 브랜드로 자리 잡았다.

이 두 사례를 통해 나는 확신하게 되었다.

브랜딩은 간판이 아니라, 삶과 수익의 판을 바꾸는 힘이라는 것을.

사람이 가진 강점과 경험을 콘텐츠로 정리하고, 그것을 세상에 보여주는 과정이 곧 브랜딩이다. 그 과정을 통해 새로운 고객이 찾아오고, 새로운 기회가 열리고, 결국 길은 넓어진다.

나 역시 마찬가지였다. 단순한 위탁 판매를 넘어 강의로, 강의를 넘어 마케팅 대행으로, 그리고 대행을 넘어 브랜딩 컨설팅으로. 내가 걸어온 길은 누군가의 길을 넓히는 데 도움이 되었고, 그들의 변화는 다시 내 경험이 되어 선순환을 만들었다.

절약은 분명 필요하다. 하지만 줄이고 또 줄이다 보면 끝이 보인다.

반면 브랜딩은 끝이 없는 확장이다.

한 사람의 경험과 강점을 세상에 드러내는 순간, 새로운 길이 열리고, 그 길은 또 다른 길로 이어진다.

그 과정을 통해 나는 더욱 단단히 깨달았다.

절약은 나를 지켜줬지만, 브랜딩은 나를 세상 밖으로 이끌어주었다.

3

위탁 판매부터 콘텐츠까지, 나의 성장 스토리

"뭔가를 판매하던 경험이 기록이 되었고, 기록은 어느새 콘텐츠가 되었다."

새롭게 일을 확장시키고 진행한 지 몇 달째, 나는 어느새 익숙했던 '판매자'의 자리를 넘어 '콘텐츠를 만들어가는 사람'으로 변해가고 있었다. 그러나 그 변화는 내가 의도한 것이 아니었다. 익숙한 루틴 속에서, 낯선 환경과 새로운 사람들을 만나며 다시 다듬어지고 확장된 결과였다.

나는 오랫동안 판매를 해온 사람이었다. 한국에서 위탁 판매와 구매 대행을 통해 온라인 유통을 경험했고, 현장에서는 고객을 직접 만나며 매출의 흐름을 만들어왔다. 단순히 물건을 파는 사람이 아니라, 고객의 마음을 읽고, 그 흐름을 만드는 법을 몸으로 익힌 사람이었다.

그렇기에 말레이시아에 와서도 '하면 된다'라는 마음으로 일을 시작했다. 사실 처음엔 자신감이 있었다. "한국에서 해왔던 그대로 하면, 여기서도 충분히 될 거야." 그러나 금세 깨달았다. 고객이 달라지면, 모든 것이 달라진다는 사실을.

한국에서는 잘 팔리던 제품이 이곳에서는 반응조차 없었다. 가격도 문제없고, 품질도 뛰어났으며, 배송도 안정적이었다. 그런데도 팔리지 않았다. 처음엔 의아했다. "이 정도 조건이면 당연히 반응이 와야 하는데, 왜 안 팔리지?"

그러나 조금씩 관찰하면서 나는 깨닫게 되었다. 이곳에서 중요한 건 스펙이 아니었다. 기능이 아니었다. 그 제품이 사람들의 일상에 얼마나 와닿느냐가 전부였다.

사실 "어떤 불편을 해결할 수 있을까?"라는 질문은 한국에서 일할 때도 늘 던졌던 질문이었다. 하지만 이제는 그 방향이 조금 달라졌다. "요즘 한국에서 잘 팔리는 제품은 뭘까?", "무엇이 유행일까?" 그동안 나는 그런 질문을 먼저 던졌었다. 하지만 이곳에서는 그 질문이 통하지 않았다. 대신 이렇게 바뀌었다. "이곳 사람들은 지금 어떤 걸 필요로 할까?", "그들의 일상 속 어떤 불편을 내가 해결해줄 수 있을까?"

말레이시아라는 새로운 시장은, 한국의 그것과는 전혀 달랐다. 국제 학교라는 독특한 공간 속에서 만나는 고객은 대부분 엄마들이었다. 그리고 이 엄마들의 기준은 달랐다. 가격이 싸다고 무조건 사는 것도 아니고, 유명 브랜드라고 무조건 신뢰하는 것도 아니었다. 그들의 삶에 '정말 필요하다'라는 느낌이 들지 않으면, 아무리 좋은 조건을 내세워도 반응하지 않았다.

나는 다시 초보자의 마음으로 돌아갈 수밖에 없었다. 관찰하고, 또 관찰했다. 실패하면 왜 실패했는지 기록했고, 작게 성공하면 그 이유를 정리했다. "혹시 안 되면 어쩌지?" 하는 불안보다는, "괜찮아, 일단 해보자"라는 말이 나를 더 자주 움직이게 했다.

그렇게 작은 시도들을 이어가던 중, 내게 다가온 변화는 예상치 못한 곳에서 찾아왔다. 단순히 제품을 구매하던 엄마들이, 이제는 내게 직접 다가와 물어보기 시작한 것이다.

"언니, 저도 이거 해보고 싶어요."
"상품 등록이 너무 어렵던데, 쉽게 설명해줄 수 있어요?"
"육아하면서 할 수 있는 일, 진짜 있을까요?"

그 질문들은 단순한 호기심이 아니었다. '나도 뭔가 시작하고 싶은데, 길이 안 보인다'라는 절박한 신호였다. 나는 그 순간 알았다. 내가 가진 가장 큰 장점은 길을 쉽게 보여주는 능력이라는 것을.

처음에는 단톡방에서 음성 메시지로 하나하나 답해주었다. 그러다 보니 같은 질문이 반복되었다. "차라리 글로 정리하면 좋겠다" 싶어 블로그에 올리기 시작했다.
"초보자를 위한 상품 등록 루틴"
"국제 학교 맘이 시작할 수 있는 부업 아이템"
"엄마를 위한 현실적인 루틴 설계"
이런 글들이 쌓여갔다. 단순한 판매 후기나 제품 설명이 아니라, 내가 겪은 시행착오와 그 안에서 얻은 깨달음을 담아낸 글이었다. 글을 쓰는 일은 곧 나의 하루와 감정을 기록하는 일이었고, 그 기록 하나하나가 결국 누군가의 판단 기준이 되어주었다.
놀랍게도 반응은 바로 돌아왔다.

"이건 책으로 나와야 해요."
"강의로 배울 수 있으면 좋겠어요."

그 말들은 단순한 반응이 아니었다. 마치 내 안을 상하게 두드리는 울림처럼 다가왔다. "책으로 나와야 한다", "강의로 배웠으면 좋겠다"라는 말들이 계속 반복될수록, 나는 더 이상 가만히 있을 수 없었다. 내가 가진 경험과 기록이 누군가에게 단순한 글이 아니라, 실제로 필요한 지식과 용기가 되고 있다는 것을 온몸으로 느꼈기 때문이다. 그 한마디 한마디가 내 마음 깊숙한 곳을 흔들었고, 결국 나는 다시 움직이기 시작했다.

나는 전자책을 만들기로 결심했다. 단순히 글을 묶는 것이 아니라, 내가 수년간 판매 현장에서 겪었던 시행착오와 깨달음을 하나의 흐름으로 정리해 내는 일이었다. 매일 밤 컴퓨터 앞에 앉아, 성공 사례뿐 아니라 실패와 좌절의 순간까지 빠짐없이 기록했다. 독자가 책을 펼쳤을 때 단순한 매뉴얼이 아니라, "아, 나도 이렇게 시작할 수 있겠구나"라는 생생한 그림을 떠올릴 수 있도록 하고 싶었다. 그래서 나는 철저히 실전 중심으로 구성했고, 단계마다 내가 실제로 어떻게 시도했고, 무엇이 잘못되었으며, 그것을 어떻게 다시 고쳐 나갔는지를 구체적으로 담았다.

또한 전자책으로만 머무는 것이 아니라 강의 자료를 정리하기 시작했다. 하지만 단순히 이론을 나열하는 강의는 만들고 싶지 않았다. 책상 앞에서 교과서처럼 "이렇게 하십시오"라고 지시하는 수업이 아니라, 내가 실제로 걸어왔던 과정을 있는 그대로 보여주는 수업을 만들고 싶었다.

그래서 나는 판매 과정에서 직접 찍어두었던 화면 캡처, 등록 절차에서 실수했던 사례, 그리고 실패 후에 다시 수정해 성공으로 이어졌던 흐름들을 PPT로 하나하나 엮어 나갔다. 수강생들이 강의를 듣고 나면 "알겠다"로 끝나는 것이 아니라, 곧바로 실행에 옮길 수 있도록, 실습형 자료로 구성했다. 실제로 상품을 등록할 때 어떤 버튼을 눌러야 하는지, 고객에게 문의가 왔을 때 어떤 문장으로 답변해야 하는지, 심지어 "첫 주문이 들어왔을 때 겪을 수 있는 두려움"까지 적어두었다. 강의 자료 한 장 한 장에는 단순한 매뉴얼을 넘어, 내가 실제로 부딪히며 얻은 땀과 감정이 고스란히 녹아 있었다.

마침내 온라인 수업을 열었을 때, 그것은 나에게 또 다른 길을 열어주었다. 수업을 들은 엄마들이 하나둘씩 스토어를 열기 시작했고, 어떤 이는 처음으로 자신의 상품을 등록한 날 눈물을 글썽이며 전화를 걸어왔다. "선생님, 정말 주문이 들어왔어요. 믿기지가 않아요." 또 다른 엄마는 블로그를 시작하며 조심스럽게 내게 말했다. "사실 저는 글을 쓰는 게 무서웠는데, 선생님이 알려주신 대로 제 이야기를 적어보니,

사람들이 공감해주더라고요."

그들의 변화는 단순히 내 강의의 성과가 아니었다. 그것은 곧 내 경험을 다시 가치 있게 만들어 주는 증거였고, 내가 쌓아온 기록이 누군가의 새로운 출발점으로 이어지고 있다는 확실한 증거였다. 나는 그 순간을 잊을 수 없다.

그리고 수업을 마친 뒤, 나는 자주 같은 말을 들었다.

"이제 저도 할 수 있어요! 한번 해볼게요!!"

그 짧은 외침은 단순한 감사가 아니었다. 그것은 누군가가 두려움의 자리를 딛고 새로운 출발선에 서 있다는 신호였다. 그리고 동시에, 나에게 다시 한번 용기를 불어넣는 격려였다. 그 말 한마디 속에는 도전의 떨림과 설렘, 그리고 삶을 바꾸려는 간절함이 담겨 있었다.

나는 그 목소리를 들을 때마다 깊이 깨달았다. 내가 걸어온 길은 결코 혼자가 아니었고, 내 기록과 경험은 누군가에게는 지도이자 길잡이가 될 수 있다는 것을. 그 깨달음은 내 발걸음을 멈추지 않게 했다. 오히려 더 단단히, 더 치열하게 나아가게 했다.

결국 나의 여정은 단순히 판매자가 되는 것이 아니었다.

나는 경험을 나누는 사람, 길을 보여주는 사람, 그리고 누군가의 첫걸음을 가능하게 만드는 사람이 되어있었다. 이 사실을 받아들이는 순간, 나는 더 이상 예전의 내가 아니었다. 나의 콘텐츠는 누군가의 시작점이 되었고, 그들의 변화는 다시 나를 성장시키는 자양분이 되었다.

시간이 흐를수록 그 확신은 더욱 단단해졌다. 나의 콘텐츠는 멈추지 않고 흐를 것이며, 더 큰 길로 이어질 것이라는 믿음이 내 안에서 점점 굳어져 갔다. 그리고 나는 오늘도 스스로에게 묻는다.

"다음은 어떤 사람의 시작을 돕게 될까?"

4

경제적 자립은 아이 교육을 위한
또 다른 책임이다

"아이의 교육을 지키기 위해, 나는 경제적 주체가 되었다."

돌이켜보면, 이 문장은 단순한 다짐 이상의 의미였다. 그것은 나 자신에게 보내는 선언이자, 동시에 아이를 향한 약속이었다. 나는 단순히 소득을 만들기 위해 일하는 것이 아니었다. 나의 경제적 자립은 아이가 세상에 나아갈 수 있도록 돕는 가장 현실적인 기반이자, 아이의 가능성이 꺾이지 않도록 지켜주는 보이지 않는 울타리였다.

말레이시아에 와서 국제 학교에 아이를 보내기로 한 결단은, 엄마로서 내 인생에서 가장 크고도 깊은 선택이었다. 나는 아이에게 더 넓은 세상을 보여주고 싶었다. 다양한 문화 속에서 시야를 넓히고, 경쟁이 아닌 존중의 환경에서 자라나기를 바랐다. 그러나 동시에 알고 있었다. 그 선택은 앞으로 나에게 훨씬 더 큰 책임을 요구할 것이라는 사실을. 단순히 학비만의 문제가 아니었다. 언어, 문화, 생활 환경까지 모든 것이 낯선 이 땅에서 아이가 안정감을 잃지 않고 성장하도록 뒷받침하는 일은, 그저 뒷바라지라고 부르기에는 너무도 복합적이고 총체적인 노력이 필요했다.

어느 날, 아이가 조심스럽게 내게 말했다.

"엄마, 이렇게 좋은 학교 보내줘서 고마워요. 제가 할 수 있는 건 열심히 공부해서 엄마 부담을 덜어드리는 거예요."

아직 어린 아이 입에서 나온 '부담'이라는 단어는 내 마음을 아리게 했다. 동시에 깊은 감동도 밀려왔다. 아이 역시 이 여정의 '동반자'로 성장하고 있다는 걸 확인한 순간이었다.

말레이시아에 온 이후, 아이는 눈에 띄게 철이 들었다. 단순히 학교 숙제 이야기만 하는 것이 아니라, 어느 순간부터는 내 일상에도 관심을 가져주기 시작했다. 내가 어떤 글을 쓰고, 사람들이 어떤 반응을 보였는지를 함께 확인하며 "엄마, 멋지다!" 하고 박수를 치기도 했다.

때로는 내 원고를 읽어보며 자기 생각을 보태기도 했다.
"아, 우리가 겪었던 이런 이야기도 넣으면 좋을 것 같아요.

다른 사람들에게 큰 도움이 될 거예요."

"그 얘기 진짜 좋아요. 이건 꼭 필요한 내용이에요."

그 말들을 들을 때면, 나는 아이가 단순히 공부만 하는 학생이 아니라, 내 삶과 글에 함께 참여하는 든든한 동반자라는 것을 느꼈다. 내가 지쳐 있을 때는 "엄마, 파이팅!" 하며 응원의 말을 건네기도 했고, 어떤 날은 내 옆에 앉아 노트북 화면을 함께 보며 새로운 아이디어를 나누기도 했다.

또한 아이는 자기 학교에서 배운 것을 집에 와서 내게 풀어놓았다. 특히 10학년이 되면 IGCSE 과목을 선택할 수 있다는 사실을 이야기하며, 자신의 적성과 흥미를 미리 탐색하고 싶다는 의지를 보였다.

학년이 바뀌면서 새로 진행된 CAT4 테스트 결과에서도 "과학적 사고력이 특히 뛰어나다"는 피드백을 받았는데, 아이 역시 스스로 그 길을 고민하고 있었다.

"엄마, 과학을 선택하면 어떨까요? 배우다 보니 과학이 점점 더 재밌어져요. 수학도 문제를 풀 때는 너무 어렵고 힘들지만, 막상 풀고 나면 성취감이 있어요. 이런 느낌이 드는 거면, 그게 제게 맞는 과목이라는 뜻일까요?"

그 질문을 듣는 순간, 나는 아이와 단순히 엄마와 아들의 관계를 넘어, 미래를 함께 설계하는 동반자가 되었음을 실감했다. 한국의 수능 중심 교육과 달리 이곳에서는 매년 CAT4 테스트를 통해 아이의 성장 방향과 적성을 진단하고, 그 결과를 토대로 과목 선택을 돕는다. 이는 단순한 성적 경쟁이 아니라, 아이 스스로 "나는 무엇을 선택할 때 행복한가"를 묻고 답할 수 있게 하는 과정이었다.

아이의 진지한 질문들은 내게도 깊은 울림을 주었다. 내가 매일 루틴을 지키며 경제적 자립을 위해 노력하는 모습이 아이에게는 하나의 본보기가 되었고, 아이가 자신의 길을 고민하는 모습은 다시 나에게 강력한 동기가 되어 돌아왔다.

경제적 자립을 흔히 "스스로 일해 수입을 책임지는 것"이라고 말한다. 하지만 내게 자립이란 그 이상의 의미였다. 그것은 단순히 '버티는 삶'이 아니라, '선택할 수 있는 삶'을 가능하게 해주는 힘이었다.

돈이 있어서 아이의 꿈을 지지하는 것이 아니다. 내가 직접 일하고 스스로 생계를 책임지는 모습을 보여줌으로써, 아이가 자연스럽게 자신의 삶을 설계하고 책임지는 태도를 배우게 되는 것. 이것이야말로 내가 말하는 경제적 자립의 진짜 의미였다.

말레이시아에서의 생활은 나에게 수많은 물음표를 던졌다. 매일 아이는 새로운 언어와 문화, 교육 시스템 속에서 자신을 단련했고, 나는 그런 아이 곁에서 하나의 중요한 사실을 깨달았다. 성적보다 중요한 것은 안정감이라는 사실을. 아이에게는 실수할 수 있는 여유, 불안을 덜어낼 울타리, 자신을 지탱할 수 있는 심리적 안전지대가 필요했다. 그건 누군가 대신 만들어줄 수 없는 것이었고, 결국 부모인 내가 만들어가야 할 자리였다. 나는 그 사실을, 매일의 시간 속에서 천천히 배워가고 있었다.

아이를 등교시키고 돌아온 뒤, 나는 곧바로 책상 앞에 앉아 루틴을 시작했다. 콘텐츠를 쓰고, 상품을 등록하고, 블로그를 정리하며 하루를 채워갔다. 그것은 단순한 노동이 아니었다. 아이의 내일을 위한 기반을 쌓는 일이었다.

물론 매일이 순조로운 것은 아니었다. 글이 잘 써지지 않아 멈출 때도 있었고, 상품을 등록해도 반응이 없어 흔들릴 때도 있었다. 하지만 그런 순간마다 아이가 건넸던 짧은 한마디가 떠올랐다.

"엄마, 너무 고마워요."

그 한마디가 내 마음을 다시 붙잡아 주었다. 사실 엄마로 산다는 일은 생각보다 고독하다. 모든 걸 감당하고 결정하며, 그 결과까지 책임져야 하는 자리이기 때문이다. 남편이 함께한다고 해도, 아이의 하루의 결과와 감정선을 가장 먼저 감지하고 조율해야 하는 건 결국 엄마였다. 그래서 나는 더 단단해져야 했다.

그러나 단단함은 외형에서 오는 것이 아니었다. 그것은 '일상을 포기하지 않는 마음'에서 비롯되었다. 루틴을 지키고, 작은 실행을 이어가며, 흐름을 놓지 않는 것. 그 반복 속에서 나는 경제적 자립을 현실로 만들어갔다.

이제 나는 단순히 돈을 버는 사람이 아니다. 아이가 마음껏 선택하고, 주저 없이 도전할 수 있도록 그 기반을 지켜주는 사람이 되었다. 내가 벌어들이는 돈은 단순한 생계가 아니라, 아이의 세상을 넓히는 힘이 되었다.

물론 어떤 날은 무기력하고, 아무것도 이루지 못한 것처럼 느껴질 때도 있었다. 그러나 나는 안다. 내가 매일 쌓아올린 이 루틴은 단순한 작업이 아니라, 아이의 안정감과 가능성을 위한 기반이라는 것을. 그래서 매일 아침 아이를 학교에 보내며 나는 속으로 다짐한다.

'오늘도 잘 살아내자. 그래야 이 아이도 더 나은 내일을 꿈꿀 수 있어.'

그 다짐은 나를 다시 책상 앞으로 불러 세우고, 또 한 줄의 글을 쓰게 하며, 오늘을 쌓아가게 만든다.

혹시 이 글을 읽는 엄마 중 지금 불안 속에서 하루를 버티고 있는 이가 있다면, 나는 진심으로 이렇게 말해주고 싶다.

"당신이 지금 하고 있는 그 수고는 절대 헛되지 않아요. 아이의 눈빛 속에, 언젠가 말로 표현될 감사 속에, 반드시 그 사랑은 되돌아올 거예요."

그리고 그 말을 지금의 나 자신에게도 조용히 건넨다.

"수고했어. 오늘도 잘 살아냈어."

이 여정은 완벽해서 의미 있는 것이 아니다. 완벽하지 않아도 멈추지 않았기 때문에, 그래서 더 단단하다. 나는 내일도 아이를 학교에 보내고, 책상 앞에 앉아 또 한 줄을 써 내려갈 것이다. 그렇게 하루를 이어가며, 오늘의 나를 지켜낸 이 선택들이 언젠가 아이의 삶을 따뜻하게 비춰주는 작은 등불이 되기를 바라며.

Chapter 5

현실 부업, 내가 길을 만든다

1

하루 3가지 실천이
수익이 된다

 말레이시아의 하루는 늘 이른 아침부터 시작된다. 우리 아이의 등교 시간은 오전 7시 30분. 아직 해가 완전히 떠오르기도 전, 부지런히 아침을 준비하고 아이를 학교에 보내고 나면, 비로소 나만의 시간이 열린다. 한국에서라면 등교 후 남은 시간은 집안일을 마무리하거나 잠깐의 여유를 누리는 '틈' 정도로 여겨졌을 것이다. 하지만 이곳에서, 엄마이자 생활인이자 강사인 내게 이 시간은 결코 단순한 틈새가 아니었다. 그것은 곧 하루의 성과를 좌우하는 골든 타임이었다.

 아이의 하교 시간은 오후 3시, CCA 활동이 있는 날이면 4시까지 이어진다. 이 긴 시간을 어떻게 사용하느냐에 따라 내 하루의 의미와 성과는 완전히 달라졌다. 아이가 없는 시간은 나만의 자유 시간이 아니라, 오히려 가장 치열하게 집중해야 하는 골든 타임이었다. 나는 이 시간을 결코 허투루 쓰지 않겠다고 다짐했고, 그 다짐은 점차 하나의 '하루 3가지 실천 루틴'으로 자리를 잡았다.

처음부터 루틴이 있었던 것은 아니다. 나 역시 수많은 날을 허비했다. "오늘은 그냥 쉬고 싶다.", "내일 몰아서 하지 뭐." 그런 유혹이 얼마나 달콤한지 잘 안다. 하지만 하루를 그렇게 흘려보낸 날은 저녁 무렵, 아이를 데리고 돌아오는 길에 마음이 무겁고 불안했다. "오늘은 내가 도대체 뭘 했지?"라는 자책감이 몰려왔다. 그런 날이 반복되면 삶은 흐릿해지고, 자존감은 뚝뚝 떨어졌다. 그래서 나는 스스로에게 단 하나의 규칙을 정했다. '하루에 세 가지만은 반드시 지킨다.'는 것은 단순한 할 일이 아니었다. 나에게 있어 '하늘이 무너져도 놓치지 말아야 하는 약속'이었고, 삶의 기둥이 되어줄 세 개의 버팀목이었다.

① 아침 9시: 명상과 글쓰기로 마음을 가다듬고 업무를 준비하는 시간

아이를 등교시키고 나면 나는 곧장 헬스장으로 향한다. 러닝머신 위에서 땀을 흘리고 근력 운동으로 몸을 깨우다 보면, 어느새 정신까지 맑아지는 것을 느낀다. 운동을 마치고 집으로 돌아오는 길, 나는 늘 수영장 한켠 내가 좋아하는 자리에 잠시 앉는다. 잔잔한 물결을 바라보며 숨을 고르고, 명

상 음악을 귀에 흘려보내면 하루의 분주함은 잠시 멈추고 마음은 차분히 가라앉는다. 그리고 스스로에게 묻는다.

"오늘 나는 어떤 감정 상태인가?"
"오늘 반드시 집중해야 할 일은 무엇인가?"

이 짧은 성찰의 시간은 하루를 단단히 여는 열쇠가 된다. 마음이 정리되면 책상 앞에 앉아 글쓰기를 시작한다. 내가 쓰는 글은 단순한 기록이 아니다. 블로그에는 위탁 판매와 관련된 글을 올리고, 인스타그램에는 일상과 제품을 조합한 콘텐츠를 남긴다. 때로는 강의 콘텐츠를 정리하거나, 마케팅 대행 관련 글을 작성하기도 한다. 이 글들은 그 자체로 나의 콘텐츠 자산이 되고, 브랜드가 되며, 결국 수익으로 이어진다. 마지막으로, 그날의 업무를 정리한다. 어떤 일을 어떤 순서로, 어떤 시간대에 실행할지 간단히 점검하며 내 흐름을 만들어간다. 하루의 구조를 그리듯 정리하는 이 루틴은, 그날의 생산성을 좌우하는 가장 중요한 과정이다.

② 오후 1시: 집중 업무 시간

점심을 간단히 마치고 난 후, 오후 1시는 온전히 집중을 위한 시간이다. 이때부터는 하루의 에너지를 가장 실질적인 실행에 쏟아붓는다. 나는 요일별로 업무를 배분해 루틴을 짜두었고, 그 루틴은 내 수익 구조를 안정적으로 이어주는 핵심 축이 되었다.

주 3일은 마케팅 대행 업무에 집중한다. 클라이언트 블로그에 맞는 포스팅을 작성하고, 브랜딩 전략안을 검토하며, 콘텐츠 스케줄을 정리하고 소통 내용을 점검한다. 오전에 구상한 아이디어와 글이 실제 퍼블리싱까지 연결되는 과정이 바로 이 시간에 이루어진다. 한 줄의 글이 누군가의 관심을 불러오고, 그 관심이 문의와 계약으로 이어지는 순간을 수없이 경험하면서, 나는 '글쓰기가 곧 수익의 씨앗'임을 다시금 체감한다.

주 4일은 블로그 기반 위탁 판매와 구매 대행에 집중한다. 제품 후기 콘텐츠를 작성하고, 고객의 메시지에 응답하며, 현지 수요에 맞는 제품을 리서치한다. 또 구매 대행 상품의 상세 설명을 정리해 블로그에 올린다. 나는 스마트 스토어 대신 블로그 플랫폼을 중심으로 운영하고 있는데, 이는 단순히 판매 채널을 넘어서 '내 경험과 스토리'를 담을 수 있는 공간이 되기 때문이다. 말레이시아 현지에서 엄마들이 진짜 필요로 하는 제품, 실제로 일상에서 겪는 불편을 해결해줄 수

있는 제품을 선별하고 기록하는 것이 핵심이다.

틈틈이 인스타그램도 관리한다. 피드를 정리하고, 일상과 제품을 엮어 짧은 콘텐츠를 올리고, DM으로 들어온 문의에 답한다. 단순히 홍보의 통로가 아니라, 나라는 사람과 브랜드를 보여주는 창구이기에 작은 글과 사진 하나에도 진심을 담으려 한다.

이 오후의 시간은 나에게 단순한 '업무 시간'이 아니다. 글을 쓰고, 연결하고, 발행하며 수익이 흐르는 구조를 쌓아올리는 가장 중요한 과정이다. 그리고 그 반복이 쌓일수록 나는 확신한다. 오늘의 작은 실행이 결국 내일의 안정과 확장으로 이어진다는 것을.

③ 밤 10시: 하루를 마무리하는 시간

하루의 마지막은 언제나 조용히 자신을 돌아보는 시간으로 채워졌다. 집안일을 정리하고, 아이가 잠든 뒤인 밤 10시. 이 시간은 나에게 단순한 휴식이 아니라, 하루를 정리하고 내일을 설계하는 작은 의식 같은 순간이었다.

나는 먼저 오늘 세 가지 실천을 되짚었다.

명상은 했는지, 글쓰기를 끝냈는지, 업무 실행을 제대로 지켰는지. 만약 놓친 것이 있었다면 그 이유를 간단히 기록했다. 게으름 때문이었는지, 예상치 못한 변수 때문이었는지. 그 기록은 스스로를 다그치기 위한 것이 아니라, 내일을 더 단단히 준비하기 위한 작은 점검표였다.

그다음은 내일의 업무 노트를 작성했다. 등록할 제품 목록, 글로 풀어낼 콘텐츠 주제, 클라이언트와의 소통에서 정리해야 할 아이디어들. 미리 정해두면 아침 루틴이 훨씬 가볍고, 하루를 시작하는 리듬이 매끄럽게 이어졌다. 내일의 나에게 길을 열어주는 선물이 바로 이 기록이었다.

마지막으로 마음을 정리하는 시간을 가졌다. 오늘 잘한 일 한 가지, 고마운 순간 한 가지, 그리고 내게 해주고 싶은 말 한마디. 짧은 세 줄이었지만, 그 안에는 나를 다시 따뜻하게 세워주는 힘이 있었다.

"오늘 글을 끝까지 써냈다."
"아이의 웃음이 하루를 버티게 했다."
"괜찮아, 오늘도 잘 살아냈어."

이 세 줄은 거창하지 않았다. 그러나 늘 그렇듯, 단순한 것이 가장 깊이 마음을 지탱해 주었다. 그 문장들은 무너질 듯 흔들린 하루를 다시 붙잡아주었고, 나를 내일로 이어주는 작은 다리가 되었다.

루틴은 단순한 반복이 아니다. 그것은 삶을 지켜내는 울타리이자, 흔들리는 나를 다시 붙잡아주는 중심축이다. 어떤 날은 무기력했고, 어떤 날은 뜻대로 일이 풀리지 않았다. 그러나 그럼에도 불구하고 나는 세 가지 실천만큼은 결코 놓치지 않았다. 그것은 내가 내게 줄 수 있는 가장 강력한 격려이자, 내일을 위한 약속이었기 때문이다.

세상은 언제나 변하고, 시장은 늘 요동친다. 하지만 이 세 가지 실천만큼은 내게 흔들림 없는 작은 울타리가 되어주었다. 그 울타리 안에서 나는 무너짐 대신 회복을, 혼란 대신 질서를, 불안 대신 희망을 다시 찾아냈다. 매일 쌓아올린 이 작은 울타리가 있었기에 나는 다시 길을 만들 수 있었고, 그 길 위에서 아이와 나의 내일을 더 단단히 세울 수 있었다.

루틴은 오늘을 버티게 하는 장치가 아니라, 내일을 그려가는 설계도다. 그래서 나는 내일도 이 울타리 안에서 세 가지 실천을 지켜낼 것이다. 단순히 무너지지 않지 않기 위해서가 아니라, 더 큰 길을 열어가기 위해서다.

2

지금 바로
시작할 수 있는 부업

"지금 가진 것, 지금 있는 자리에서 시작해도 충분하다."

이 문장은 단순한 격려가 아니라, 내가 몸소 증명해낸 사실이었다.

누구나 처음에는 막막하다.

'나도 무언가를 해보고 싶은데, 뭘 해야 하지?'

'나는 특별한 기술도 없고, 전문성도 없는데 가능할까?'

이런 질문들이 마음을 가득 채우면, 첫걸음을 내딛는 일은 점점 더 멀어진다.

나 역시 말레이시아에 처음 왔을 때 그랬다. 아이를 돌보며 하루를 보내던 초반, 수입은 빠르게 줄어들고 있었지만 선뜻 "이제 시작해보자"라는 말이 쉽게 나오지 않았다. 마음이 있어도 막막하고 두려운 건 누구나 겪는 감정이었다. 그러나 나는 분명히 알았다. 지금 움직이지 않으면, 아무것도 달라지지 않는다는 것을.

사실 이런 질문은 나의 인생에서 반복되어왔다. 처음 메리케이 비즈니스를 마무리하고 성형외과 피부과 총괄 실장으로 자리를 옮겼을 때도 그랬다. 또 그 일을 내려놓고 초등학생이 된 아이를 직접 돌보기 위해 위탁 판매로 전향했을 때도 마찬가지였다. 늘 내 마음속 질문은 같았다.

"지금 내가 가장 먼저 할 수 있는 일이 무엇일까?"
"추가 비용 없이, 당장 실행할 수 있는 일은 무엇일까?"

그 순간마다 나는 다시 초심자의 마음으로 돌아갔다. 화려한 직함이나 경력은 잠시 내려놓고, 내가 가진 시간과 환경 안에서 가능한 일을 찾아야 했다. 병원에서 고객과 상담하며 쌓아온 경험, 메리케이 시절 수없이 반복했던 세일즈 루틴, 그리고 엄마로서 매일 부딪히며 배우는 생활의 지혜. 그것들이 결국 내 자산이자 시작점이었다.

그 무렵 블로그 공동 구매가 엄청난 유행이었다. 네이버를 열면 온갖 공동 구매 관련 정보들이 쏟아졌고, 마치 모두가 그 일을 해야만 돈을 벌 수 있는 것처럼 보였다. 하지만 나는 달랐다. "그거 하면 돈 번대"라는 말에 휩쓸려 시작하고 싶지는 않았다. 나는 잠시 멈춰 서서 내게 물었다.

"이 일이 과연 장기적으로 이어갈 수 있는 일일까?"
"단순한 유행으로 끝나는 것이 아니라, 내가 끝까지 붙잡고 갈 수 있는 길일까?"

나는 이미 메리케이 시절 팀 빌딩과 세일즈로 성과를 만들어낸 경험이 있었고, 성형외과 총괄 실장으로 일하며 안정적인 월급을 받으며 관리와 운영을 책임져 본 사람이었다. 그렇기에 내게는 확실한 기준이 있었다. 단순히 재미있어서 하는 것이 아니라, 그때처럼 꾸준히 수익을 만들 수 있는 구조인지, 그리고 집에서 혼자서도 충분히 실행 가능한 일인지가 가장 중요했다.

그 질문들을 하나하나 점검하며 나는 결국 위탁 판매라는 선택을 내렸다. 단순히 "돈을 벌고 싶다"라는 마음에서가 아니었다.

'내가 혼자서도 시스템을 만들 수 있는가?'
'메리케이 시절처럼 장기적인 구조를 설계할 수 있는가?'
'총괄 실장으로 월급을 받던 것만큼 안정적인 수익을 낼 수

있는가?'

이 기준을 통과해야만 했다. 그리고 그 기준 안에서 위탁 판매는 분명한 답이었다.

하지만 답을 찾았다고 해서 곧장 길이 열리는 건 아니었다. 글을 쓰는 건 어렵지 않았다. 문제는 판매할 '제품'을 구하는 일이었다. 글을 올리려면, 먼저 내 손에 놓을 수 있는 상품이 있어야 했다. 그래서 나는 본격적으로 첫 판매의 출발점을 찾아 나섰다.

그 과정은 결코 순탄하지 않았다. 여러 업체에 전화를 걸고 메일을 보냈지만, 돌아오는 대답은 대부분 같았다.

"대형 셀러들과만 진행합니다."
"지금 구매해줄 이웃도 없는 상태인데 블로그로 판매가 힘들지 않겠어요?"
"지금은 대형 셀러들에게 나갈 물량 외에 다른 분들께 드릴 물량이 여유가 없네요."

거절은 예상보다 훨씬 차가웠다. 메시지를 읽고도 답이 없는 경우가 다반사였고, 때로는 아예 만나주지도 않았다.

현실의 벽은 생각보다 높았지만, 이상하게도 마음은 쉽게 꺾이지 않았다. 그 말들이 오히려 나를 더 단단하게 만들었다.

메리케이 시절, 수없이 많은 거절을 받으며 단련된 덕분이었다. 이제 거절은 아픔이 아니라 '과정'일 뿐이라고 생각했다.

그래서 나는 더 집요해졌다. 하루에도 몇 번씩 전화를 걸고, 다시 메일을 보내고, 답이 없으면 직접 찾아가기도 했다. 회사 앞까지 가서 기다리다 돌아온 날도 있었다. 누군가는 "그 정도면 자존심 상하지 않느냐"고 물었지만, 내겐 자존심보다 '지금 시작하지 않으면 아무것도 바뀌지 않는다'라는 절박함이 더 컸다.

그러던 어느 날, 우연히 다른 공동 구매에서 '기적의 PPC 오일'이라는 제품을 접하게 되었다. 호기심 반, 필요 반으로 직접 구매해 써봤는데, 놀라울 만큼 효과가 좋았다. 그 순간 번뜩였다. '바로 이거다.' 그냥 소비자로서 만족하고 끝낼 수 없었다. 나는 그 제품을 내 블로그에서 소개하고 싶었고, 더 나아가 직접 판매하고 싶었다.

그래서 곧장 그 업체에 연락을 시작했다. 그러나 역시 처음부터 쉽지 않았다. 메일을 보내도 답이 없었고, 전화를 걸어도 "검토해 보겠다"라는 말만 남았다. 하지만 나는 포기하지 않았다. 하루에도 몇 번씩 연락을 시도했고, 거절당해도 다시 메시지를 보냈다. 결국에는 직접 찾아가 보고 싶다는 간절한 마음까지 생겨났다.

어렵게 어렵게 연락을 이어가던 끝에, 마침내 그 회사 대표님을 직접 만날 기회를 얻었다. 작은 회의실에 마주 앉아 있던 그는 내내 의심스러운 눈초리로 나를 바라봤다. PPT를 열고, 내가 준비해 간 자료들을 차근차근 보여주며 설명했지만, 그의 표정은 쉽게 풀리지 않았다. 설득의 과정은 결코 쉽지 않았지만, 크게 두렵지도 않았다. 나는 속으로 이렇게 생각했다.

'해보고 아니면 그만이지. 그래도 도전조차 안 하는 건 윤도연이 아니잖아.'

대표님은 내 말을 다 듣고 나서 이렇게 물었다.
"지금 고객이 하나도 없는데, 도대체 어떻게 이 제품을 팔겠다는 거죠?"
그 질문 앞에서 나는 망설이지 않았다. 단호하게, 그러나 솔직하게 대답했다.

"제가 잠을 줄여서라도 3개월 안에 블로그 이웃 1,000명을 만들겠습니다. 그리고 그중에서 최소 50명 이상은 실제 고객으로 만들겠습니다. 제게 3개월의 시간을 주세요."

3개월. 그건 단순한 약속의 기간이 아니었다. 메리케이 시절 수없이 경험했던 프로모션이 늘 3개월 단위였기 때문이다. 나 스스로를 가장 강하게 몰아붙일 수 있는 시간표였다. 나는 스스로에게도 제한된 시간을 부여했고, 그날부터 말 그대로 미친 듯이 움직이기 시작했다.

매일 이웃을 맺고, 매일 댓글을 달았다. 블로그에 단순한 광고 글 대신 내 일상을 기록하며, 그 속에 자연스럽게 제품을 녹여냈다. 내가 어떤 사람인지, 왜 이 제품을 선택했는지, 일상의 어떤 순간에 도움이 되었는지를 솔직하게 풀어냈다. '팔겠다'라는 티를 내기보다, '살아가는 이야기 속에서 제품이 함께 있었다'라는 것을 보여주려 했다.

잠을 줄여가며 글을 쓰고, 이웃을 늘리고, 대화를 이어갔다. 그렇게 3개월 만에 나는 블로그 이웃 1,000명을 확보했다. 그리고 드디어, PPC 오일을 블로그에 올리던 첫날. 기대 반, 불안 반으로 게시 버튼을 눌렀던 그 날을 나는 아직도 잊지 못한다. 단 일주일 만에 매출은 800만 원을 넘었고, 내 수익으로 35%가 돌아왔다.

 나는 해냈다. 드디어 해내고 말았다!
 이웃을 맺고, 댓글을 달고, 글을 쓰고, 제품을 콘텐츠화하는 과정은 전혀 낯설지 않았다. 메리케이 시절에 이미 매일같이 해왔던 일들이었기 때문이다. 나에게 그 루틴은 단순한 습관이 아니라 몸에 배어 있는 리듬이었다. 그래서 다른 사람들에게는 고되게 보일 수 있는 작업도, 내겐 오히려 익숙하고 당연한 흐름이었다.
 이 첫 성과는 내게 확신을 심어주었다. '나는 할 수 있다. 그리고 이 길이 내 삶을 충분히 지탱해줄 수 있다.' 그렇게 하나씩, 대형 셀러들에게만 허용되던 제품들을 하나하나 받아낼 수 있었고, 내 위탁 판매의 영역은 점점 넓어졌다.
 PPC 오일에서 첫 성과를 내자, 내 안에서는 새로운 확신이 피어올랐다. '나는 할 수 있다. 그리고 이 길은 단순한 부업이 아니라, 장기적인 구조가 될 수 있다.' 그 성취는 단순히 매출의 숫자만이 아니었다. 그것은 나 자신에게 증명한 첫 결과였고, 앞으로의 방향을 확실하게 보여주는 나침반이 되었다.
 그 이후로 나는 주저하지 않았다. PPC 오일 판매로 얻은 자신감을 안고, 더 많은 브랜드와의 길을 열기 위해 발로 뛰었다. 예전 같으면 '내가 과연 할 수 있을까' 주저했을 순간에도, 이제는 오히려 '다음은 누구를 만나야 할까?'라는 질문으로 바뀌었다.

처음에는 여전히 쉽지 않았다. 새로운 브랜드를 만날 때마다, "이미 큰 셀러들과 협업하고 있는데, 굳이 당신에게 맡겨야 할 이유가 있습니까?"라는 말을 수도 없이 들었다. 하지만 나는 메리케이에서 다져온 근성과, 성형외과에서 쌓아온 기획·운영 경험을 자신 있게 내세웠다. 단순히 제품을 파는 게 아니라, 콘텐츠를 만들어내고 고객의 일상에 스며들게 하는 방식, 즉 브랜딩 중심의 판매를 할 수 있다는 걸 강조했다.

그리고 무엇보다, 나는 포기하지 않았다. 메일을 보내고, 전화를 하고, 거절을 당해도 다시 시도했다. 그 과정에서 어떤 대표님은 내 열정과 끈기를 보고 기회를 주기도 했다. 그렇게 하나, 또 하나 제품 라인이 늘어나기 시작했다.

PPC 오일을 시작으로, 다이어트와 뷰티, 생활용품, 아이를 위한 용품, 가족을 위한 건강식품까지 점차 포트폴리오가 다양해졌다. 블로그에는 단순히 제품 정보가 아니라, 내가 직접 써보고 느낀 체험과 변화가 담겨 있었기에, 이웃들은 점점 더 신뢰를 보냈다. 판매는 매출로 이어졌고, 매출은 다시 나의 증거가 되어 새로운 브랜드와의 협력으로 이어졌다.

점차 브랜드에서도 나를 찾아오기 시작했다. 처음엔 내가 문을 두드렸지만, 이제는 반대로 "우리 제품도 함께 다뤄줄 수 있나요?"라는 연락을 받게 된 것이다. 이는 단순히 '판매자'에서 '파트너'로 위치가 전환된 순간이었다.

나는 위탁 판매가 단순히 제품을 파는 일이 아님을 깨달았다. 그것은 신뢰를 쌓고, 경험을 기록하며, 브랜드와 고객을 이어주는 다리이자, 내 삶을 확장시키는 또 하나의 배움이었다.

3

내 글은 단순한 기록이 아니라, 나를 브랜딩하는 자산이다

 내가 글을 쓰기 시작했을 때만 해도, 그것은 단순한 기록에 불과했다. 오늘 어떤 제품을 써봤는지, 아이와의 일상에서 어떤 일이 있었는지, 혹은 강의를 준비하며 떠오른 생각들을 정리해 두는 정도였다. 그러나 시간이 지날수록 깨닫게 되었다. 이 단순한 기록들이 쌓여 나를 설명하는 힘이 되고, 결국 나라는 사람을 브랜드로 만들어간다는 사실을.

 사람들은 이제 나를 이렇게 부른다.

 "블로그로 위탁 판매를 하고, 강의도 하고, 마케팅 대행도 하며, 책을 쓴 작가."

 하지만 내가 내 정체성을 설명할 때는 조금 다르다.

 "나는 나를 글로 설명하는 사람이다."

 이 말은 단순히 글을 잘 쓴다는 의미가 아니다. 내가 살아온 경험, 내가 겪어온 과정, 내가 하고 싶은 이야기를 언어로 정리해낼 수 있다는 뜻이다. 그리고 그 글은 내가 직접 나서지 않아도 나를 대신해 설득하고, 공감하게 만들며, 누군가의 선택을 이끌어 낸다. 이것이 내가 발견한 브랜딩의 본질이었다.

나는 제품을 소개할 때도 늘 진심을 담았다. 장점만 나열하지 않았다. 불편했던 점도 적었고, 아이와의 일상 속에서 어떻게 유용했는지를 구체적으로 풀어냈다. 특히 엄마의 시선에서 쓴 글은 많은 사람들의 공감을 얻었다. 화려한 광고 문구보다, "이건 실제로 엄마인 내가 겪은 이야기다"라는 진심이 훨씬 큰 울림을 주었기 때문이다.

그래서 내 글은 단순한 리뷰가 아니었다. 그것은 누군가가 "살까 말까" 망설이는 순간, 마지막으로 등을 떠밀어주는 한마디 같은 역할을 했다. 바로 이 점에서 나는 알게 되었다. 내 글의 목적은 잘 쓰는 것이 아니라, 진심을 잘 전달하는 것이라는 사실을.

나는 글쓰기를 단순한 '작업'이 아니라 '루틴'으로 만들었다.
- 하루에 하나라도 제품과 관련된 이야기를 기록하기
- 강의 중 나온 질문과 답변을 글로 정리하기
- 마케팅 대행에서 자주 마주치는 문제를 콘텐츠로 풀어내기

이런 작은 기록들이 쌓여 내 삶의 흐름이 되었고, 설명이 필요 없는 포트폴리오가 되었다. 이제는 누군가 나를 몰라도, 내 글 한 편만 읽으면 내가 어떤 가치관을 가진 사람인지, 어떤 태도로 일하는지 알 수 있게 되었다.

이제 더 이상 길게 나를 소개하지 않는다. 대신 이렇게 말한다.

"제 블로그를 보시면 됩니다."

"제 책에 다 담아두었어요."

그 글과 책이 곧 나의 명함이고, 나의 브랜딩이기 때문이다.

세상에는 다양한 브랜딩 도구가 있다. 인스타그램, 유튜브, 카드뉴스, 영상 콘텐츠. 하지만 나에게 가장 강력한 도구는 여전히 글이다. 글은 내가 왜 이 일을 시작했는지, 이 제품이 내 삶에 어떤 변화를 주었는지, 고객과의 대화 속에서 무엇을 배웠는지를 가장 깊이 담아낼 수 있는 그릇이다.

사람들은 정보에 쉽게 반응하지 않는다. 그러나 사람의 이야기에 마음을 연다. 그래서 나는 언제나 브랜드의 강점을 말하기 전에, 나의 이야기를 먼저 전한다. 이야기를 들은 사람들이 스스로 판단하고, 신뢰하게 되고, 결국 "이 사람의 추천이라면 나도 믿고 따르고 싶다"라는 마음을 갖게 된다. 그

것이 바로 글이 브랜딩으로 이어지는 힘이었다.

내가 팔고 있는 것은 사실 제품 그 자체가 아니다.

내가 팔고 있는 것은 '윤도연이라는 사람의 기준과 경험, 그리고 감각'이다.

그리고 그 모든 것을 가장 정직하고 강력하게 담아낼 수 있는 도구가 바로 글이다.

처음부터 완벽한 전략이나 세련된 구조가 필요하지 않았다. 중요한 것은 경험을 기록하는 습관이었다. 하루 10분이라도 글을 쓰면, 그것이 곧 나의 브랜드 근육이 되었다.

– 오늘 고객과 나눈 대화
– 아이와 함께한 작은 에피소드
– 일상의 루틴에서 얻은 작은 통찰

이 모든 것을 글로 기록할 때, 그것은 단순한 일기가 아니라 내 브랜드의 자산이 되었다. 누군가는 그 글을 보고 용기를 얻었고, 누군가는 신뢰를 느꼈으며, 또 누군가는 그 글을 따라 자신의 길을 시작했다.

혹시 지금 당신도 막막하다면, 거창하게 시작할 필요는 없다. 오늘 하루의 작은 기록부터 남겨보라. 그 짧은 글 한 줄이 쌓여, 언젠가는 당신의 브랜드를 가장 강력하게 설명해줄 자산이 될 것이다.

 브랜딩은 거창한 개념이 아니었다. 결국, 내가 어떤 이야기를 어떻게 어떻게 전달하느냐의 문제였다. 그리고 나는 그 전달의 방식으로 '글'을 선택했다. 글을 통해 사람들과 연결되고, 내 철학을 공유하며, 새로운 기회를 만들어냈다.
 그래서 나는 이제 이렇게 정의한다.

"나는 나를 글로 설명하는 사람이다.
 그리고 그것은 곧, 나는 나를 성장시켜 갈 수 있는 사람이라는 뜻이다."

Chapter 6

삶이 곧 일이고, 일이 곧 나를 만든다

1

아이와 함께
성장하는 루틴

"나의 일상은 아이에게 보여주는 삶의 수업이었다."

말레이시아로 이주하면서 내가 가장 중요하게 여겼던 것은, 단순히 새로운 환경에 적응하는 것이 아니었다. 더 중요한 것은 아이와 함께 '의미 있는 하루'를 살아내는 것이었다. 나의 하루 루틴, 나의 선택, 나의 태도가 곧 아이에게는 가장 실질적인 교육이 되기 때문이었다. 많은 부모가 말한다. "아이를 위해서 열심히 산다"라고. 하지만 나는 그 문장보다 더 나아가고 싶었다. "아이와 함께 성장하는 하루", 그것이 내가 선택한 삶의 방식이었다. 우리 아이의 학교는 아침 7시 30분까지 등교다. 말레이시아의 하루는 한국보다 훨씬 일찍 시작된다. 해가 완전히 떠오르기도 전에 우리는 함께 아침을 준비하고, 서로를 챙기며 하루를 연다. 8시부터는 아이의 수업이 시작되고, 나는 다시 내 자리로 돌아온다. 이 시간부터는 나만의 루틴이 펼쳐진다.

어떤 날은 수영장 앞 나무 그늘에 자리를 잡고 앉아, 잔잔한 명상 음악을 들으며 하루를 정돈한다. 또 다른 날은 헬스장으로 향해 땀을 흘리고 나서야 하루가 본격적으로 열리기도 한다. 이 시간은 단지 '엄마의 여유'가 아니다. 아이의 하루를 보내고 난 후, 나의 하루를 설계하는 중요한 시작점이다. 나는 아이가 학교에 가 있는 시간 동안 단순히 '자유 시간'을 보내지 않는다. 이 시간은 '내가 나를 단단하게 만들 수 있는 골든 타임'이며, 동시에 '엄마로서의 정체성 외에, 나 자신으로 존재할 수 있는 시간'이다. 그리고 이것을 아이도 느끼고 있다. 어느 날 아이가 말했다. "엄마는 제가 학교 가 있는 동안에도 뭔가 열심히 하시네요. 저도 커서 그렇게 되고 싶어요." 이 한마디는 내게 커다란 울림을 줬다. 나는 아이에게 "열심히 살아야 해"라고 말하지 않아도, 내가 살아가는 방식으로 이미 아이에게 말하고 있었다.

아이가 등교하고 집으로 돌아올 때까지의 시간은 단지 '일하는 시간'이 아니다. 나에게 있어 이 시간은 '내가 누구인지 확인하는 시간'이자, 매일 나를 다시 설계하는 시간이다. 그동안의 삶에서 가장 잘할 수 있었던 일들을 다시 꺼내 보고, 이 새로운 환경에서 어떤 방식으로 적용할 수 있을지를 고민하는 시간. 그리고 무엇보다, 내가 단지 '엄마'가 아니라 '하나의 삶을 살아가는 주체'라는 사실을 실감하는 순간이기도 하다.

나는 이 시간을 완벽하게 집중해서 보내려고 노력한다. 명상하고, 생각을 정리한 뒤 노트북 앞에 앉는다. 누군가를 위한 글을 쓰기도 하고, 나의 경험을 풀어내기도 하며, 하나씩 업무를 정리해 나간다. 아이가 없는 시간 동안 나는 가장 나답게, 가장 활기차게 살아가는 중이다. 이런 나의 모습은 아이에게도 스며든다. 아이는 종종 내게 묻는다.

"엄마, 지금 쓰고 있는 글은 어떤 거예요?"
"이번에 올릴 제품은 뭐예요?"

이런 질문에 나는 무심한 듯, 그러나 진심을 담아 대답해 준다.
"엄마는 지금 누군가에게 도움이 될 이야기를 정리하고 있어."
"이번엔 이런 걸 써봤는데, 엄마가 써보니 좋더라고."

그러면 아이는 고개를 끄덕이며 말한다.

"엄마는 진짜 누군가한테 도움이 되는 일을 하고 계신 것 같아요."

 이 짧은 대화는 내가 매일 반복하는 일들이 단지 수익을 위한 행위가 아니라, 누군가에게 실제로 가치 있는 일임을 아이도 알고 있다는 증거였다. 내가 어떤 마음으로 일을 하고 있는지를 아이는 묻지 않아도 느낄 수 있다. 아이에게 보여주는 건 거창한 성공 스토리가 아니라, 지금 내가 이 자리에서 최선을 다하고 있다는 태도다. 그렇게 하루하루를 살아가는 모습은, 아이에게 세상을 바라보는 눈과 살아가는 방식을 자연스럽게 알려주고 있었다.

 저녁이 되면 하루를 함께 정리하는 시간이 온다. 아이는 그날 있었던 학교 이야기를 들려주고, 나는 내가 오늘 어떤 일을 했는지 짧게 나눈다. 때로는 글을 쓰다가 겪은 어려움이나, 제품 등록할 때 생긴 고객 문의를 이야기해 주기도 한다. 아이에게 특별한 조언을 주려는 건 아니다. 다만, 아이는 '문제를 어떻게 바라보고 풀어가는지'를 나의 일상에서 자연스럽게 체득해 간다. 어느 날, 아이가 친구와의 갈등 상황을 이야기하며 이렇게 말했다.

"엄마가 고객 응대할 때처럼, 저도 먼저 말 걸어봤어요."

그 순간 나는 깨달았다. 아이는 나의 '일'을 단순히 엄마의 부업으로 보는 것이 아니라, 내 삶의 태도를 관찰하고 있다는 것을. 그리고 그 경험이 스며들어 아이의 행동을 결정짓는 기준이 되기도 한다는 것을. 나는 일할 때, 아이와의 시간을 줄이려 하지 않았다. 오히려 아이와 함께 있는 시간을 더 소중히 여겼고, 그 시간 안에서 나의 루틴을 녹여냈다.

주말에는 함께 카페에서 각자 노트북을 켜고 '집중 타임'을 만들기도 한다. 아이는 학습지나 리포트를 작성하고, 나는 블로그 글을 쓰거나 마케팅안을 정리한다. 때로는 함께 책을 읽고, 나란히 앉아 조용히 글을 쓰기도 한다. 그럴 때면 나는 속으로 이렇게 생각한다.

'이 아이는 지금 살아가는 방식을 배우고 있구나.'
'공부는 이렇게 해야 해'가 아니라, '이렇게 살아도 괜찮구나' 하는 메시지를 전달하고 있다.

아이에게 항상 해주는 말이 있다.
"엄마는 네가 더 나은 환경에서 공부하길 바라서 일하는 거야. 그런데 그보다 더 중요한 건, 너도 언젠가 자신을 위해 이렇게 일하는 사람이 되길 바라."

내가 매일 명상하고, 글을 쓰고, 콘텐츠를 만들고, 판매하고, 강의하고, 브랜딩하는 모든 행위는 단지 돈을 벌기 위한 것이 아니다. 내 삶 자체가 누군가에게 영감이 되길 바라기 때문이다. 아이에게 가장 큰 교육은 말이 아니라, 내가 살아내는 방식이다. 아이에게 가장 강력한 동기 부여는 성공한 유명인 이야기가 아니라, 바로 옆에서 매일 자신의 길을 걸어가는 엄마의 모습이다. 그리고 나는 오늘도 그 길 위에서 하루를 쓴다. 아이와 함께 살아내는 이 하루가, 우리 둘의 미래를 함께 키워가고 있음을 알기에.

"나는 아이의 오늘을 지키고, 아이는 나의 내일을 꿈꾸게 한다. 이 일상은, 우리 둘의 성장이다."

2

일상을 시스템으로
만드는 힘

"내가 매일 쌓아올린 루틴은, 결국 나를 지켜주는 시스템이 되었다."

말레이시아에 와서의 첫 몇 달은 그야말로 낯선 날들의 연속이었다. 새로운 환경, 새로운 언어, 익숙하지 않은 생활 속에서 나는 엄마로서, 한 사람의 개인으로서 나를 다시 정립해야 했다.

아이가 학교에 간 사이에 일을 해야 했지만, 초반에는 그것조차 쉽지 않았다. 입학 직후에는 학교에서 요구하는 준비물들이 있었고, 새해가 겹치면서 각종 행사와 학부모 초대 자리도 많았다. 상담을 위해 학교에 가야 하는 날들도 잦았기에 내 일과 병행하기에 무리가 있었다. 더군다나 그 당시 나는 위탁 판매를 하고 있었는데, 새로운 제품을 셀렉하기 위해서는 여러 차례 제품들을 구매해 직접 먹어보고 발라보고 테스트를 거쳐야 했다. 한국에서는 상대적으로 간편했던 과정이 이곳에서는 번거로움으로 다가왔다. 제품 하나를 올리기 위해 최소 10개 이상의 제품을 비교하고 검증해야 했고, 업체와의 잦은 연락, 배송 확인, 항공 배송 수령까지 이어지는 과정에서 드는 비용과 시간은 무시할 수 없는 부담이었다. 수익은 났지만, 그 과정이 주는 피로감은 점점 커져 갔다.

학교 상담을 가더라도 온통 영어뿐이라 마음이 막막했다. 나는 영어를 알아듣는 데 큰 문제는 없었지만, 궁금한 게 있어 여쭤보고 싶을 때마다 막혔다. 하고 싶은 말을 한국말처럼 조리 있게 풀어낸다는 건 생각보다 어려운 일이었고, 그 답답함은 늘 내 안에 남았다. 선생님들은 마이크로 또박또박 설명해주시는 것이 아니라, 학부모들을 초대한 자리에서 편안하게 대화하듯 이야기를 이어갔다. 그러다 보니 그나마 들리던 영어도 앉은 자리가 멀면 잘 들리지 않았고, 설명은 흘러가듯 지나갔다. 중국 학부모들이 상대적으로 많다 보니 그때마다 화면에는 중국어 자막이 함께 띄워졌는데, 문제는 이곳에 오기 전 중국어를 3년여 배웠다 한들 이제 겨우 초보 단계를 넘긴 수준이라, 빠르게 지나가는 문장을 즉각적으로 해석하기란 쉽지 않았다. 한국어처럼 단번에 익숙하게 읽히지 않으니, 귀로는 영어를 쫓고 눈으로는 한자를 따라가야 했다. 그러다 보면 순간순간 놓치는 말들이 생겼고, 중요한 이야기를 다 받아 적지 못하는 답답함이 늘 따라왔다.

게다가 이곳은 다양한 인종이 모여 사는 나라였다. 겉으로는 모두가 영어로 소통하는 것처럼 보였지만, 실제로는 각자 억양과 발음이 달라 알아듣기 쉽지 않았다. 영어를 해도 상대방이 잘 알아듣지 못하는 경우가 많았고, 내가 이해한 내용을 다시 묻는 과정에서 대화는 자꾸 끊겼다. 쇼핑몰 직원들, 현지 상점 사람들, 아파트의 가드들 가운데는 인도네시아나 다른 나라에서 온 사람들이 많아 영어도, 중국어도 원활히 통하지 않는 경우가 흔했다. 그래서 단순히 영어가 능숙하다고 해서, 혹은 중국어를 할 줄 안다고 해서 모든 상황이 매끄럽게 풀리는 환경이 아니었다.

그럴 때마다 나는 '내가 준비해온 언어가 왜 이곳에서는 힘을 발휘하지 못할까' 하는 무력감을 느꼈다. 말이 통하지 않는다는 것은 단순히 대화의 불편을 넘어, 내가 이곳에서 얼마나 낯선 존재인지를 다시 확인시키는 경험이 되었다. 처음 이곳에 왔을 때 품었던 "나는 무조건 잘해낼 수 있는 사람이야"라는 패기는 점점 희미해졌다. 문밖을 나서며 '휴, 오늘은 또 어떤 하루가 펼쳐질까' 하고 걱정부터 앞서는 날들이 많아졌다. 언어 장벽, 학교 일정, 낯선 환경이 동시에 겹쳐지면서 '오늘은 정말 아무것도 못 하겠다. 그냥 하루만 쉬고 싶다'라는 생각이 불쑥 올라오는 순간들도 있었다.

위탁 판매도 마찬가지였다. 한국에서는 제품을 선택하고 글을 올리면 곧바로 반응이 오곤 했지만, 이곳에서는 샘플을 주문해 항공으로 배송받고, 다시 테스트하고, 마음에 들지 않으면 또 다른 제품을 주문하는 과정이 반복되지 않았는가. 물론 다른 판매자들은 하나의 제품을 받아 사용해보고 바로 올리기도 했다. 하지만 나는 그런 방식으로는 고객의 신뢰를 얻을 수 없다고 생각했다. 그래서 '내가 직접 충분히 검증한 제품만 소개한다'라는 나만의 철칙을 반드시 지키기로 결심했다. 그러다 보니 이런 과정들이 한국에서보다 훨씬 더 많은 시간과 체력을 요구했고, 피로하게 느껴질 수밖에 없었다.

그래서 나는 일을 조금이라도 효율화하고, 가능한 한 자동화해야 했다. 상담이 들어오면 자동 안내 메시지가 발송되도록 설정했고, 고객이 궁금한 점을 남겨두면 관련 답변이 자동으로 가도록 연결해 두었다. 배송 관련 메시지도 마찬가지였다. 예전에는 내가 일일이 확인하고 고객에게 안내를 해줘야 했지만, 이제는 업체와 협의해 업체가 시스템에 등록하면 고객에게 자동으로 배송 알림이 가도록 구조를 만들었다. 덕분에 내가 직접 붙잡고 있지 않아도 일이 흘러가도록 정리할 수 있었다.

또한 아이가 CCA(방과 후 수업)가 있는 날에는 하교 시간이 한 시간 늦어지는 것을 활용해, 그날은 집중적으로 글을 작성했다. 일주일 동안 올라갈 글들을 한꺼번에 써두고 예약 발행을 걸어두는 식이었다. 그렇게 함으로써 내가 당장 글을 쓰지 못하는 날이 오더라도 블로그는 멈추지 않고 흘러갔다.

이런 작은 시도들이 쌓이면서 위탁 판매는 단순히 '내가 직접 몸으로 뛰어야만 하는 일'에서 '자동으로 움직이는 구조'를 갖춘 일로 바뀌기 시작했다. 시스템화가 없었다면 지쳐서 오래가지 못했을 일이, 작은 자동화와 루틴 덕분에 꾸준히 이어갈 수 있는 기반이 된 것이다.

블로그 마케팅 대행의 경우에도 시스템화는 필수였다. 처음에는 클라이언트가 요청하면 곧바로 글을 쓰고, 피드백을 받아 다시 수정하는 식으로 진행했다. 하지만 그렇게 하면 내 하루의 일정이 늘 클라이언트의 연락에 휘둘렸고, 안정적인 루틴을 유지하기가 점점 더 어려워졌다. 특히 어떤 클라이언트는 밤 10시쯤 업무를 마친 뒤 자료를 보내고는, 다음 날 아침에 바로 글을 올려 달라고 요청하곤 했다. 처음에는 그 요구를 맞추느라 내 생활 패턴을 깨뜨리며 그의 일정에 끌려다녔지만, 곧 이 방식으로는 오래갈 수 없다는 걸 알게 되었다.

그래서 나는 원칙을 세우고 정중히 말씀드렸다. "밤늦게 보내주신 자료는 다음 날 오픈 시간에 맞춰 답변을 드리겠습니다. 바로 발행은 일정상 어렵습니다. 대신 글을 잘 준비해 두고, 원하시는 요일에 맞춰 발행되도록 시스템을 만들어드리겠습니다." 이렇게 선을 긋고 나니, 내가 밤마다 긴급하게 글을 쓰느라 지칠 일도 줄었고, 클라이언트 역시 원하는 일정에 맞춰 안정적으로 콘텐츠가 발행된다는 신뢰를 얻을 수 있었다.

나는 시간을 정해두고 여유 있는 날에 한 주에 올라갈 2~3개의 글을 미리 작성해 저장했다. 그리고 예약 발행 기능을 활용해 정해진 요일과 시간에 자동으로 업로드되도록 했다. 덕분에 내가 아이 일정 때문에 자리를 비우거나 몸이 지쳐 손을 놓아야 하는 날이 있더라도 블로그는 멈추지 않고 흘러갔다.

또한 클라이언트별 진행 상황을 머릿속에 일일이 기억하

는 대신, 노션에 콘텐츠 캘린더를 만들어 관리했다. 어떤 글이 작성 중인지, 피드백 대기 중인지, 발행 완료 상태인지를 한눈에 볼 수 있도록 정리하니 우선순위가 명확해졌고 불필요한 반복 확인 시간도 줄었다. 여기에 자주 반복되는 피드백에는 미리 답변 템플릿을 만들어 두어, 상황에 맞게 약간 수정해 빠르게 응대했다.

이러한 예약 발행, 노션 관리, 답변 템플릿, 발행 일정 협의 같은 작은 장치들이 모여 결국 블로그 마케팅 대행을 '즉시 대응해야 하는 일'에서 '시스템이 관리하는 일'로 바꿔 놓았다. 내가 모든 것을 실시간으로 붙잡지 않아도 일이 흘러가게 되었고, 그 덕분에 더 이상 늘 쫓기는 사람이 아니라 흐름을 설계하고 관리하는 사람이 될 수 있었다.

이렇게 해서 위탁 판매와 블로그 마케팅 대행 모두 더 이상 내 손끝에만 달린 일이 아니게 되었다. 자동으로 움직이는 구조를 만들고, 반복되는 일을 줄이고, 내가 잠시 자리를 비워도 콘텐츠가 발행되고 고객 응대가 이어지도록 만들면서 나는 비로소 '일에 끌려가는 사람'에서 '흐름을 관리하는 사람'으로 전환할 수 있었다. 무엇보다 큰 변화는 마음의 안정이었다. 예전처럼 오늘은 글을 못 썼다고 자책하지 않아도 되었고, 아이 일정이나 예기치 않은 변수가 생겨도 시스템이 나를 대신해 일을 이어갔다.

시스템화라는 말은 거창하게 들리지만, 사실은 작은 루틴과 반복에서 시작된 것이다. 매일 글을 쓰고, 예약 발행을 걸고, 답변 템플릿을 만들어 두고, 노션에 기록을 남기는 단순한 행동들이 쌓여 어느 순간 내 삶을 버티게 해주는 구조가 된 것이다. 나는 그때 깨달았다.

"루틴은 시스템의 씨앗이고, 시스템은 지속 가능한 일을 만드는 힘"이라는 것을.

이 경험은 단순히 내 하루를 지켜주는 수준에 그치지 않았다. 점차 내 일이 확장되고, 새로운 가능성이 열리는 발판이 되어주었다. 위탁 판매와 블로그 대행을 지탱해주던 작은 시스템들이 나중에는 강의와 콘텐츠 확장, 그리고 새로운 수익 구조를 만드는 기반이 되었다.

3

일상에서 확장된 수익
그리고 또 다른 가능성

"할 수 없을 것 같았던 순간들 위에, 나는 나만의 브랜드를 쌓아올렸다."

시스템이 돌아간다는 확신은 내 일상을 조금씩 바꿔놓기 시작했다. 예전에는 매번 무언가를 직접 해야만 일이 굴러간다는 불안 속에서 살았다. 글을 쓰지 않으면 멈춰버릴까 불안했고, 고객 문의가 오면 밤늦게라도 답장을 해야만 안심이 됐다. 하지만 이제는 내가 자리를 비운 하루에도 시스템이 나를 대신해 일하고 있었다. 예약 발행은 정해진 시각에 콘텐츠를 올려주었고, 자동화된 메시지는 고객의 문의에 응답해 주었다. 노션에 기록된 캘린더는 내가 직접 확인하지 않아도 업무의 흐름을 보여주었다. 단순히 효율을 높이는 차원을 넘어, 그 구조가 내 삶 전체를 감싸주는 안정감으로 다가

왔다.

그리고 그 안정감은 내 안에 새로운 여유를 만들어 주었다. 하루의 시작을 조용히 마주하며, 커피 향과 함께 생각을 정리하는 시간. 그 짧은 순간이 나를 다시 쓰게 하고, 내 삶을 단단히 세워주었다. 예전에는 강의도 듣고 싶고, 돈도 벌어야 하고, 아이 통학도 챙겨야 하고, 위탁 판매와 마케팅 대행까지… 일거리는 계속 들어왔지만 정작 24시간이 늘 모자랐다. 원래 한국에 있을 때는 나름대로 패턴을 잡고 움직였는데, 해외라는 낯선 환경에 적응해야 했고, 엄마들과 함께 필요한 것들을 사러 다니거나 차 한잔을 나누다 보면 어느새 내가 집중해서 일하기 좋은 오전 9시부터 오후 4시까지의 황금 시간이 훌쩍 지나버리곤 했다.

그 만남들은 내게도 큰 기쁨이었다. 새로운 장소를 함께 가며 마음을 나누는 시간은 분명 힐링이 되었고, 외국 생활의 낯섦을 덜어주는 소중한 순간이었다. 하지만 그와 동시에 나의 생활은 원래의 일 패턴에서 점점 어긋나 있었고, 일과 삶의 균형이 흔들리고 있었다.

그래서 나는 다시 중심을 잡기 위해 시스템화를 선택했다. 작은 루틴과 구조를 세우자, 신기하게도 내게 여유가 생기기 시작했다. 이제는 만남의 즐거움도 누리면서 동시에 내 일도 지켜갈 수 있었다. 삶이 한쪽으로 기울지 않고 균형을 이루게 되면서, 일과 관계, 그리고 나 자신까지 모두가 조금 더 단단해지는 걸 느낄 수 있었다.

그 변화는 아이와의 시간에서도 확연히 드러났다. 내가 안정되니 아이에게도 자연스럽게 좋은 에너지가 흘러갔다. 학교에서 돌아온 아이에게 "오늘은 어땠어?" 하고 물으며 이야기를 들어주고, 숙제를 함께 보거나 학원에 데려다주는 길에 도란도란 이야기를 나눌 수 있었다. 일과 육아가 따로 노는 것이 아니라, 루틴 안에서 자연스럽게 조화를 이루며 함께 흘러가기 시작한 것이다. 그것은 소소하지만 너무나 귀한 행복이었다.

여유가 생기자, 그동안 생각만 했던 것들을 하나씩 실천할 수 있었다. '지금까지 해온 걸 조금 더 확장해 보면 어떨까?', '내가 해본 걸 누군가에게 알려주는 건 어떨까?'라는 질문들이 떠오르던 무렵, 나는 자연스럽게 '강의'라는 형태로 내 경험을 전하기 시작했다. 메리케이 시절에는 판매와 팀빌딩 노하우를 전하는 강의였기에 자신이 있었지만 이번엔 달랐다. 내가 직접 구축해온 자립 시스템을 공유하는 과정이었기 때문이다. '과연 내가 그들의 성장을 실제로 도울 수 있을까?'

란 생각이 머릿속을 떠나지 않았다. 그럼에도 오프라인 강의, 줌을 통한 온라인 강의를 진행하는 용기를 냈다. 낯설고 조심스러웠지만, 강의가 끝날 때마다 누군가의 표정에서 작은 확신이 피어나는 걸 볼 때면 '이 길을 선택하길 잘했구나' 하는 마음이 들었다.

사실 내가 편하려면 강의를 녹화해 두고 그 강의본을 판매하는 방식이 훨씬 수월했을 것이다. 하지만 나는 그렇게 하지 않았다. 조금 번거롭고, 시간을 더 쏟아야 하고, 내 열정을 더 많이 투자해야 하더라도 일대일 강의와 컨설팅을 통해 수강생 한 사람 한 사람의 상황에 맞게 도와주고 싶었다. 내가 걸어온 길처럼, 그들 역시 시행착오 속에서 답을 찾을 수 있었기에 그 여정을 함께 걸으며 구체적인 해법을 제시하는 것이 더 큰 가치라고 믿었다. 그래서 나는 단순히 '지식을 전달하는 강사'가 아니라, 그들의 곁에서 성장의 길을 함께 열어주는 동반자가 되고자 했다.

실제로 강의를 들었던 분들 중에는 자녀가 한창 공부할 나이에 남편이 퇴직하면서 새로운 수입원을 찾아야 했던 가족도 있었고, 기존 일이 너무 힘들어 "다른 길이 있을까?" 고민하며 여러 시도를 했지만 번번이 좌절했던 분들도 있었다.

또 제조업 일을 하다 어깨를 다쳐 더 이상 일을 이어갈 수 없게 된 분은 마케팅 대행을 배우며 스스로 수익을 만들어가기 시작했다. 나처럼 아이를 키우면서 집에서도 일하고 싶었던 엄마들, 얼굴을 드러내지 않고 조용히 소득을 만들고 싶었던 분들, 그리고 평범한 일상에서 새로운 돌파구를 찾던 사람들까지. 그들에게 '작은 루틴과 시스템'이라는 단어는 막막한 현실을 뚫고 나아갈 희망이 되었고, 다시 살아갈 힘으로 자리 잡았다.

나는 기존 고객들이 있기 때문에 여전히 위탁 판매도 진행 중이고, 위탁 판매를 배우고 싶어 하는 분들을 위한 강의도 이어가고 있다. 하지만 지금 내 주력은 단연 마케팅 대행이다. 위탁 판매에서 고객의 신뢰를 얻기 위해 세심하게 제품을 검증했던 나의 태도는, 이제 콘텐츠를 다루는 방식으로 확장되었다. 단순히 글을 대신 써주는 것이 아니라, 고객의 이야기를 어떻게 설득력 있게 풀어낼지 고민하고, 그들의 브랜드를 어떻게 살아 있는 흐름으로 보여줄 것인가에 초점을 두었다.

이 일은 내 성향에도 잘 맞았다. 메리케이 시절부터 팀원들의 성장을 돕고, 위탁 판매를 하며 고객과 소통해온 경험이 있었기에 결코 낯설지 않았다. 오히려 내가 해온 경험들이 하나의 흐름처럼 이어져 마케팅 대행 안에서 더 큰 힘을 발휘했다.

이제 나는 하루를 루틴으로 시작하고, 그 루틴이 콘텐츠가 되고, 그 콘텐츠가 수익이 되는 흐름 속에 살고 있다. 글 하나가 전자책이 되고, 강의 자료가 되고, 마케팅 클라이언트의 브랜드 콘텐츠로 바뀌는 과정을 거치면서 나는 어느새 또 하나의 직업을 갖게 되었다. 그것은 '콘텐츠 기획자'이자 '흐름 설계자', 그리고 '브랜드를 만드는 사람'이라는 이름이었다.

그렇게 일상에서 출발한 작은 시도는 나만의 구조가 되었고, 구조는 수익이 되었으며, 수익은 다시 나의 자유를 넓혀 주었다. 그리고 그 자유는 다시 새로운 시도를 할 수 있는 용기를 주었다. 이 일은 여전히 내가 조금씩 쌓아가는 중이다. 사소해 보였던 반복들이 모여 결국 새로운 길을 만들었고, 그 끝마다 또 다른 가능성이 기다리고 있었다.

나는 더 이상 단순히 일하는 엄마가 아니다. 나의 시간을 설계하고, 나만의 일을 만들어가는 사람이다. 그리고 이 책을 읽고 있는 당신도 언젠가 이 시스템을 자신만의 방식으로 만들 수 있을 것이다. 중요한 건 완벽한 준비가 아니다. 단 하나의 루틴이라도 매일 실천하는 용기다. 그 작은 반복이 언젠가 당신을 지켜주는 가장 든든한 시스템이 되어줄 것이다.

그러니 두려워하지 말고, 오늘 당신의 첫 발걸음을 내딛어라. 작아 보이는 그 한 걸음이 결국 새로운 가능성의 문을 열어줄 것이다.

"콘텐츠는 쌓이면 브랜드가 된다."

나에게 콘텐츠는 단순한 기록이 아니었다. 그것은 하나하나 쌓이며 수익이 되어주었고, 시간이 흐를수록 나를 설명하는 또 하나의 언어, 즉 '브랜드'가 되었다. 처음엔 단지 생계를 위한 선택이었지만, 어느 순간 그것은 나라는 사람의 가치와 감각이 담긴 브랜드로 발전해 있었다. 이전의 나를 알지 못하는 누군가가 내 블로그 글을 보고 강의를 신청했고, 전자책을 읽고 마케팅 대행을 의뢰했다.

브랜딩은 결코 거창하거나 복잡하지 않다. 핵심은 '지속성'이다. 오늘 쓴 글, 내일 올릴 콘텐츠, 그리고 나의 상품 소개까지 같은 톤과 같은 언어, 같은 감정을 담아내면 그것은 이미 나만의 브랜드가 된다. 그렇게 만들어진 브랜드는 가격이 아니라 '신뢰'로 선택받는다.

이제 나는 콘텐츠로 수익 구조를 만들고, 브랜딩으로 신뢰를 쌓으며, 그 둘을 통해 또 다른 가능성의 길을 열고 있다.

엄마로서의 삶과 일의 균형 위에서 쌓아온 이 시스템이 결국 나를 지금의 자리로 이끌었다. 작은 걸음들이 모여, 나는 오늘도 가능성을 현실로 증명해가고 있다.

4

나를 위한
성장의 시간

 처음 이곳에 왔을 때는 모든 것이 새로웠다. 아이가 학교에 가고 나면 몇 시간 동안 여유가 생겼고, 그 시간에 생활에 필요한 준비물이나 학교에서 요구하는 물품을 사러 다니기도 했다. 학교에서는 나라별 행사가 많아 다양한 공지가 올라오기도 했는데, 어느 날은 빨주노초파남보 색상의 옷을 준비하라는 안내가 있었고, 또 어떤 날은 말레이시아 전통 의상이나 고국의 의상을 입어야 한다는 요청이 있었다. 옷이 준비되지 않으면 교복이나 체육복을 입어도 괜찮았지만, 그래도 이왕이면 아이가 학교에서 준비한 다양한 행사에 적극적으로 참여하며 여러 문화를 직접 경험하게 해주고 싶었다.

 보통 공지가 올라온 뒤 일주일 정도의 시간이 주어지기는 했지만, 한국에서 주문해 항공으로 받아보려니 현실적으로 여유가 없었다. 한국에서도 그 옷들이 늘 판매되는 품목이 아니다 보니 준비하는 데 시간이 걸렸고, 설령 구한다 해도 이곳까지 항공 배송이 도착하기에는 턱없이 부족했다. 그래서 나는 친한 엄마들과 함께 주변을 부지런히 돌아다니며 필요한 옷들을 찾아야 했다. 그러는 길에 자연스럽게 맛집에 들르거나 카페에 가보며 생활 반경을 넓혀 갔고, 초반에는 그런 과정들이 분명 필요했고 충분히 재미있기도 했다.

그 와중에도 내가 하고 있는 일들은 꾸준히 이어갔고, 수익도 어느 정도 안정적으로 들어왔다. 하지만 이상하게도 앞으로 나아간다는 기분보다는 매달 돈을 맞추기 위해 악착같이 버티는 듯한 압박감이 점점 커졌다.

외부 일을 처리하느라 시간을 쪼개 쓰다 보니 마음은 늘 분주했고, 몸은 지쳤으며, 정신까지 산만해졌다. 책을 읽거나 강의를 들을 여유도 없어, 어느 순간에는 시간이 멈춘 듯 답답하게 느껴졌다.

겉으로는 괜찮아 보였다. 엄마들과 어울려 맛있는 음식을 먹고 차를 마셨고, 아이도 학교에 잘 적응해 가고 있었다. 하지만 정작 나는 공허했다. 반복되는 일상 — 일, 밥, 차, 구경 — 그 속에는 내 마음을 채워줄 무언가가 없었다.

게다가 한국에서 나가는 고정 비용에 더해 말레이시아 생활비까지 겹치니, 머릿속엔 "왜 이렇게 돈이 빨리 없어지지? 더 벌어야겠다"라는 생각만 가득했다. 하지만 그 다급함은 나를 단단히 잡아주지 못했고, 오히려 불안만 키웠다. 곱씹어 보니 이유는 분명했다. 돈을 버는 것과 성장하며 앞으로 나아가는 것은 전혀 다른 일이었고, 그때의 나는 성장이 멈춘 상태에 머물러 있었던 것이다.

그래서 바꿔야 했다. 나는 다시 내 삶에 변화를 주기로 했다. 우선 말레이시아 생활에 맞는 작은 루틴부터 회복하자고 마음먹었다. 매일 30분씩 소리 내어 책을 읽고, 그 내용을 녹음해 이동 중에 반복해서 들었으며, 아이 학원에서 기다리는 시간에는 헬스장으로 가 운동을 하거나, 마인드 관련 서적을 펼쳐 부족하다 느낀 부분을 채워 나갔다. 그렇게 하나하나 작은 루틴들을 쌓아가자 다시 에너지가 솟아나기 시작했다.

생활의 정비가 끝난 후에는 내가 경험하고 알아본 것들을 다른 학부모들에게 전하고 싶어 원고를 다시 쓰기 시작했다. 책을 집필하면서 자연스럽게 관련 서적을 더 읽게 되었고, 마인드를 다잡으며 잃어버린 균형을 조금씩 되찾아갔다. 나는 아이의 곁을 지키는 동행자이면서 동시에 내 삶을 다시 설계하는 또 한 명의 학생이었다. 요일별로 영어와 중국어 학습을 나누고, 하루 최소 5~10개의 단어를 외우는 작은 습관도 이어갔다. 그렇게 루틴들이 차곡차곡 쌓이며 다시 앞으로 나아가고 있다는 충만함을 되찾았다.

나는 결국, 단순한 소비가 아니라 성장의 시간을 가질 때 비로소 하루가 살아 있는 시간으로 채워진다는 것을 깨닫게 되었다. 다시 돌아오지 않을 지금 이 시간을 알차게 쓰겠다고 다짐했고, 그 다짐을 행동으로 옮기면서 내 삶은 다시 단단해졌다. 그리고 그 충만한 에너지는 아이에게도 고스란히 흘러갔다. 내가 단단히 서 있을 때, 아이 역시 흔들림 없이 자신의 시간을 살아갈 수 있었다.

그렇다면, 나는 어떻게 다시 흔들리지 않고 내 삶을 세워갈 수 있었을까?

그 중심에는 늘 메리케이 시절부터 배운 '6가지 중요한 일'을 적는 습관이 있었다. 2010년부터 지금까지 이어져 온 이 습관은 단순한 메모가 아니었다. 그것은 언제나 내게 방향을 알려주는 나침반이자, 내 삶을 다시 원위치로 돌려놓는 힘이었다. 말레이시아에 와서도 아침마다 오늘 반드시 해야 할 6가지를 적으며 하루를 시작했다. 덕분에 일과 삶의 균형을 잃지 않을 수 있었고, 아무리 흔들리는 상황 속에서도 내가 어디로 가야 할지를 놓치지 않았다.

'6가지 중요한 일' 속에는 늘 아이와 관련된 중요한 항목이 있었지만, 거기서 끝나지 않았다. 나 자신을 위한 항목도 반드시 포함됐다. 명상과 운동은 빠지지 않는 필수였고, 언어 공부도 늘 들어갔다. 언어는 한꺼번에 50~100개 단어를 억지로 외우는 방식이 아니라, 요일을 나눠 월·수·금은 영어, 화·목·토는 중국어를 공부했다. 하루에 5개의 단어를 꾸준히 외우고, 30분씩 인강을 듣는 방식으로 나누어 실천했다. 그렇게 쌓아가니 공부가 전혀 부담스럽지 않았고, 오히려 매일 작지만 확실한 성취감을 얻을 수 있었다.

나는 루틴을 지키기 위해 환경도 설계했다. 아파트 단지에도 헬스장이 있었지만, 일부러 비용을 들여 외부 헬스장을 등록했다. 단지 내에서는 아는 사람을 만나 대화하다 보면 운동이 끊기고, 차를 마시며 시간을 흘려보내기 쉬웠기 때문이다. 외부 헬스장은 온전히 운동에만 집중할 수 있는 공간이었다. 꾸밀 필요 없이 편안한 차림으로 오가며 내 리듬을 지킬 수 있었고, 지점이 여러 곳이라 아이가 학원에 있는 동안 근처에서 운동을 이어갈 수도 있었다. 작은 선택이었지만, 내 루틴을 무너지지 않게 지켜주는 강력한 장치였다.

그리고 루틴을 회복하는 또 하나의 방법으로, 나는 책 읽기를 나만의 방식으로 실천했다. 단순히 책을 펼쳐 눈으로만 읽는 것이 아니라, 매일 30분씩 소리 내어 읽었다. 처음에는 어색했지만 곧 집중력이 높아졌고, 무엇보다 말의 속도를 조절하고 발음을 단단히 다듬는 데 큰 도움이 되었다. 글이 머릿속에 더 선명하게 각인되었고, 읽는 과정 자체가 나의 언어로 내면화되는 훈련이 되었다. 나는 그 내용을 녹음해 두었고, 이동할 때나 아이를 기다리는 짧은 순간에도 반복해서 들었다. 심지어 집안일을 하면서도 내 목소리로 읽어낸 책을 들을 수 있었기에, 놓치기 쉬운 시간을 성장의 시간으로 바꿀 수 있었다.

이렇게 작은 루틴들이 하나하나 쌓이자 다시 에너지가 솟아났고, 멈춰 서 있던 삶이 앞으로 나아가기 시작했다. 단순히 돈을 벌기 위해 일하는 것이 아니라, 배우고 익히며 성장하는 그 과정이야말로 나를 살아 있게 만들었다.

사람들은 종종 내게 이렇게 말한다.

"너는 진짜 하는 일이 너무 많아. 책 쓰고, 강의하고, 위탁 판매, 마케팅 대행까지 하면서 아이 등하교와 학원 픽업까지 다 챙기니 하루가 24시간이라도 모자랄 것 같아. 중국어 공부는 또 언제 하니? 도연아, 너 정말 대단하다. 그런데 그렇게 하루 종일 달리듯이 일하면 결국 지쳐. 병날 수도 있어. 그러지 말고 근처도 좀 구경 다니고, 맛있는 것도 먹고, 여유도 좀 가져. 너무 일만 하고 살면 안 돼."

겉으로 보기엔 끝없이 바쁘게만 사는 것처럼 보일지 모른다. 하지만 사실 그것은 전혀 내 일상과 다르다. 나는 하루 종일 일만 하며 숨 막히게 달리는 사람이 아니다. 물론 영감이 강하게 밀려올 때는 있다. 그럴 때면 7~8시간을 한자리에 앉아 글을 쓰기도 했다. 하지만 그 시간조차도 억지로 나를 몰아붙이는 일이 아니었다. 오히려 누군가에게 도움이 될 만한 이야기를 풀어내고 있다는 확신 덕분에, 7~8시간이 마치 2~3시간처럼 순식간에 지나가곤 했다.

일을 단순히 '해야만 하는 의무'로 받아들일 때는 몸도 쉽게 지치고 마음도 피로했다. 그러나 나는 '6가지 중요한 일' 속에 일과 삶을 균형 있게 녹여내면서부터는 달라졌다. 일할 때는 몰입해서 집중하고, 나머지 시간은 반드시 나를 위한 충전과 아이를 위한 시간으로 채웠다. 그래서 나는 오히려 에너지가 더 샘솟았다. 운동을 하고, 영화를 보고, 명상으로 마음을 정리하고, 집을 정돈하는 시간들이 나를 회복시켰다.

이 시간이 있었기에 나는 다시 힘을 내어 글을 쓰고, 강의를 준비하고, 아이를 돌볼 수 있었다.

엄마가 지치면 아이도 흔들린다. 엄마의 기운이 낮아지면 그 에너지가 그대로 아이에게 전해진다. 그래서 나는 하루 종일 외부를 떠돌며 시간을 흘려보내는 대신, 내 안을 단단히 다지고 나를 채우는 시간을 선택했다. 책을 읽고, 공부를 하고, 루틴을 지키며 내 삶의 질서를 세웠다. 그렇게 내 에너지가 채워지고 나니, 자연스럽게 그 긍정적인 파장이 아이에게도 전달되었다. 내가 안정되고 단단할 때, 아이 역시 흔들리지 않고 자신감을 가질 수 있었다.

말레이시아를 떠나며 많은 엄마들이 이렇게 말한다.

"그때 공부 좀 할 걸 그랬어. 아이 통학시켜주고, 밥 먹고, 차 마시며 시간을 보내다 보니 너무 아쉽다. 너희는 그렇게 하지 마. 영어 공부도 하고, 할 수 있는 일이 있다면 도전도 하고, 시간을 알차게 써. 아이들만 유학 오는 게 아니야. 엄마에게도 성장의 시간이 돼야 해. 그래야 후회 없는 경험이야."

나는 이 말을 결코 흘려듣지 않았다. 그래서 시간을 아깝

게 버리지 않기로 했다. 물론 지인들과 웃으며 차를 마시는 시간도 소중하지만, 그것만으로는 부족하다고 느꼈다. 즐거움과 더불어 성장을 놓치지 말아야 한다. 나를 위한 공부, 나를 위한 루틴, 나를 위한 에너지 관리가 있어야 내가 단단해지고, 그 힘이 아이에게 전해진다.

이곳에서의 시간은 단순히 아이의 유학을 지켜보기 위한 시간이 아니다. 아이의 유학은 곧 엄마의 유학이다. 엄마가 성장할 때, 아이의 배움은 더 깊어지고, 그 경험은 가족 전체의 자산이 된다.

쇼핑과 차 한 잔으로도 하루는 흘러간다. 하지만 다시 오지 않을 지금 이 시간, 아이만 배우는 게 아니라 엄마도 배워야 한다. 이 시간이야말로 제2의 유학이자, 나의 인생을 다시 디자인하는 과정이다.

아이를 위해 왔다가 결국 내 인생까지 바뀌는 경험.
그것이 바로 말레이시아에서 엄마로 산다는 것의 진짜 의미다.

5

엄마로서, 창업가로서, 나로서 살아가는 법

"이제 나는 더 이상 둘 중 하나를 고르지 않는다. 나는 엄마이자, 창업가이고, 무엇보다 나 자신이다."

나는 단순히 부업으로 시간을 채우는 엄마가 아니었다. 메리케이 비즈니스 이후에는 성형외과 총괄 실장으로 일했고, 이후 초등학생 아이를 가까이서 케어하기 위해 위탁 판매로 전향했다. 그 결과 1년 매출 15억 원을 만들어내며 누구보다 치열하게 일해온 경험이 있다.

아이의 원하는 공부를 지원해주기 위해 말레이시아에 오기로 결심했을 때, 나 역시 새로운 길을 준비하고 있다고 믿었다. 하지만 실제로 와보니, 위탁 판매는 제품을 직접 테스트하고 가장 좋은 것을 골라내기까지 시간과 비용이 너무 많이 드는 구조였다. 아이를 돌보며 병행하기엔 한계가 뚜렷했다.

그렇다면 이곳에서 내가 새롭게 할 수 있는 일은 무엇일까? 시간과 비용의 소모가 크지 않으면서도, 내가 직접 만든 수익 구조로 안정적인 기반을 만들 수 있는 일. 그렇게 고민하다가 나는 마케팅 대행을 시작하게 되었다. 시작은 우연 같았지만, 곧 그것이 내게 천직처럼 느껴졌다.

생각해보면 나는 늘 나를 알리고 홍보하며 일해왔다. 이제는 그 대상이 '나'에서 '다른 사람'으로 바뀌었을 뿐, 본질은 달라지지 않았다. 내가 가장 잘할 수 있는 일을 하고 있으니 숨통이 트이는 듯했고, 마치 나에게 딱 맞는 옷을 입은 듯 편안했다. 이 경험을 통해 나는 분명히 깨달았다. 일의 형태는 바뀌어도 본질은 변하지 않는다. 결국 중요한 건 내가 어떤 태도로 임하고, 어떤 마음으로 해내느냐였다.

내가 일하는 이유는 단순히 이익을 얻기 위해서가 아니다. 나의 아이에게, 그리고 나 자신에게 '살아가는 방식'을 보여주기 위해서다. 아무리 부모가 돈을 많이 물려준다 해도, 자녀가 스스로 지킬 힘이 없다면 결국 그 돈은 사라지고 만다. 나는 내가 무에서 유를 만들어왔듯이, 내 아이 역시 스스로의 힘으로 자립할 수 있기를 바란다. 그렇기에 나는 오늘도 보여주고 싶다. 엄마가 어떤 태도로 하루를 살아내고, 어떤 감정으로 일과 마주하는지를. 아이는 말없이 그것을 지켜보고, 그 시선은 내가 더 성실하게, 더 성숙하게 성장하도록 이 끄는 가장 강력한 동기다.

나는 이 책을 통해 말하고 싶었다. '엄마'라는 이유로 무언가를 시작하지 못하는 사람이 있다면, 이 글이 작은 용기가 되길 바란다고. "엄마니까 더 잘할 수 있다"라는 말은 단순한 위로가 아니다. 우리는 시간을 분배하고, 감정을 다루고, 위기를 돌파하는 데 누구보다 익숙한 사람들이기 때문이다. 엄마로 살아가는 우리는 이미 매일 '창조적인 경영'을 하고 있다. 가정이라는 회사를 운영하며, 아이와 나의 미래를 동시에 고민하고 있기 때문이다.

우리가 밥을 짓고, 생활을 꾸리고, 아이의 하루를 설계하고, 가족의 일정을 조율하며 치열하게 살아내는 순간들은 결코 작은 일이 아니다. 그 일상의 경험에 나의 시선과 생각을 더하고 그것을 콘텐츠로 정리해 누군가에게 전달할 수 있다면, 그건 충분히 브랜드가 될 수 있고, 비즈니스가 될 수 있다. 결국 우리가 매일 만들어내는 치열한 일상과 경험들이 '사업'이 되고, '브랜드'가 되고, '자산'이 되는 것이다.

특별한 재능이 있어서가 아니라, 그저 지금 내가 할 수 있는 일을 그 자리에서 매일 실천했을 뿐이다. 글을 쓰고, 상품을 소개하고, 질문에 답하고, 강의를 만들고, 루틴을 정리했다. '지금 가능한 일부터 시작한 것', 그것이 전부였다. 하지만 그 단순한 실행들이 모여 이제는 나만의 길을 만들었다. 더 이상 누군가가 정해둔 길을 찾을 필요가 없다. 나는 나의 리듬으로 걷고 있고, 그 길 위에는 나의 콘텐츠가 놓여 있으며, 나의 고객이 있고, 나의 브랜드가 자라고 있다.

이제는 분명히 말할 수 있다.

"나는 일하는 엄마다. 그리고 나의 삶은 하나의 창업 아이템을 넘어, 가능성을 증명하는 살아 있는 증거다."

이 길은 때때로 외롭고 고단하다. 그러나 동시에, 누구도 빼앗을 수 없는 자존감과 자유를 안겨준다.

더 이상 누군가의 인정을 기다리지 않아도 되고, 평가에 휘둘리지 않아도 된다.

내가 만든 일이 곧 내 인생이고, 나는 내 안의 기준으로 오늘도 당당히 서 있다. 그리고 그 기준이 내 길을 지켜주고, 나를 한 걸음 더 나아가게 한다.

이 책을 읽고 있는 당신은 누군가의 엄마일 수도 있고, 누군가의 딸일 수도 있고, 지금 막 새로운 길 앞에 서 있는 사람일지도 모른다.

하지만 위치는 중요하지 않다. 가장 중요한 건, 당신 안에도 이미 '가능성'이라는 시작점이 존재한다는 사실이다.

내가 내 일상 속에서 그 가능성을 발견했듯, 당신도 오늘 이 자리에서 찾을 수 있다.

작은 실행 하나를 선택해보라. 글쓰기일 수도 있고, 하루 10분의 명상일 수도 있고, 메모 한 줄일 수도 있다. 그 한 걸음이 쌓이면, 어느새 당신도 말하게 될 것이다.

"이제는 나도 내 길을 만들고 있어요."

그 말이 당신의 입에서 나오는 날까지, 나는 같은 마음으로 응원할 것이다.

그리고 언젠가, 당신이 당신의 이야기를 글로 남기고, 누군가에게 이렇게 말하게 되기를 바란다.

"내가 해보니 정말 가능했어요.
이제는 당신 차례예요.
두려워하지 말고, 작은 한 걸음부터 시작해 보세요.
당신은 반드시 해낼 수 있습니다.

그리고 그 길 끝까지, 나는 언제나 당신 곁에서 따뜻하게 응원할 것입니다."

Epilogue

무한한 가능성을 가진 당신에게

이 책은 처음부터 완벽한 계획에 따라 쓰인 책이 아니었다. 말레이시아라는 낯선 환경에서 아이의 교육을 고민하며, 등교하는 아이의 뒷모습을 멍하니 바라보던 어느 날, 내 안에 하나의 질문이 떠올랐다.

"나는 여기서 어떤 사람으로 살아가고 싶은가?"

그 질문이 매일 아침 나를 책상 앞으로 불러냈다. 글을 쓰게 만들었고, 작은 실천을 루틴으로 바꾸게 했다. 처음엔 아이를 위한 글이었고, 그다음엔 나 자신을 잃지 않기 위한 기록이었으며, 이제는 누군가에게 전하고 싶은 메시지가 되었다.

나는 '살기 위해' 시작했지만, 쓰는 과정에서 '살아 있음'을 느꼈다. 그리고 이제, 이 마지막 장은 당신에게 건네고 싶다.

혹시 지금 당신도 새로운 시작 앞에 서 있는가?

아이를 돌보며 하루를 보내고 있을 수도 있고, 무언가를 간절히 원하지만 두려움 때문에 발걸음을 떼지 못하고 있을 수도 있다. 그렇다면 꼭 전하고 싶은 말이 있다.

"당신은 이미 충분하다. 그리고, 지금 이 자리에서 시작해도 괜찮다."

완벽한 준비는 결코 오지 않는다. 적당한 때도, 완벽한 환경도, 누군가의 허락도 필요 없다. 그저 지금 있는 자리에서, 하루 10분의 루틴부터, 한 줄의 글쓰기부터 시작하면 된다. 그 작은 시작이 당신 안의 가능성을 깨우고, 결국 삶을 바꾼다. 나는 그걸 직접 경험했고, 그 증거를 이 책에 담았다.

내가 해냈다면, 당신도 해낼 수 있다.

이제 책은 끝났지만, 당신의 이야기는 지금부터 시작이다.

당신이 아이와 함께 웃고, 당신 스스로가 자랑스러운 하루를 쌓아가며, 당신이 만든 루틴이 브랜드가 되고, 그 브랜드가 또 다른 누군가에게 빛이 되는 날까지, 나는 같은 자리에서, 같은 마음으로 당신의 첫걸음을 응원할 것이다.

"지금, 당신의 첫 문장을 써라.
당신만의 리듬으로,
당신만의 이름으로."

그리고 잊지 말자.
당신의 내일은, 오늘 당신의 선택으로 달라진다.

세상 모든 엄마의 성장과 가능성을 위해,
당신보다 한 걸음 먼저 걷는 동료,
윤도연 드림.

부록

현실을 바꾸는 루틴 실천 노트

1

하루 루틴 실천표

① 아침 확언 10분
- 나는 오늘도 나를 믿는다.
- 나는 오늘도 충분히 멋지다.
- 나는 오늘도 한 단계 성장한다.
- 나는 오늘도 나를 지켜낸다.
- 나는 오늘도 나답게 충분히 잘하고 있다.
- 나는 오늘도 내가 원하는 삶을 산다.
- 나는 내가 좋다. 나는 말과 글, 에너지로 사람의 마음을 움직이는 영향력 있는 창조자다. 나는 부와 성공을 끌어당기는 강력한 진동체다.
- 풍요는 나를 중심으로 확장되고, 돈은 내가 있는 곳으로 자연스럽게 모여든다.
- 나는 베스트셀러 작가이자, 글로벌 마인드 코치, 그리고

사랑받는 1인 브랜드의 주인이다.
- 지금 이 순간도, 모든 일이 나에게 가장 완벽하게 흐르고 있다.
- 나는 오늘도 나의 선택을 존중한다.

② 수영장 옆 시각화 명상: 나의 미래를 그리는 시간

내가 가장 좋아하는 공간은 집 앞 수영장 한켠의 조용한 자리다. 따뜻한 햇살과 바람, 잔잔한 물결 소리를 들으며 앉아 있으면, 복잡한 마음이 조금씩 정리된다. 그곳은 단순한 휴식처가 아니라, 내가 미래를 그리는 명상의 장소다.

나는 이 자리에서 눈을 감고, 깊게 호흡하며 내가 이루고 싶은 삶을 떠올린다. 더 집중하기 위해 좋아하는 사진들과 이루고 싶은 목표들을 모아 '버킷리스트 북'을 만들었다. 가끔은 이 이미지들을 짧은 영상으로도 정리해 이어폰으로 들으며 상상에 몰입한다.

그 책을 펼쳐보며 명상하는 이 루틴은, 내가 원하는 삶을 실제로 경험하고 있는 듯한 감각을 선물해준다. 때로는 아이와도 함께 이 시간을 나누며 상상 루틴을 공유한다. 이 작은 습관이 내 하루를 정돈하고, 마음의 근육을 단련해주는 중요한 시간이다.

③ 감사 일기 3가지 하루에 꼭 쓰기

하루를 마무리할 때, 나는 반드시 감사한 일을 세 가지씩 적는다. 아주 사소한 것도 괜찮다.

"햇살이 포근했다.", "따뜻한 커피를 마셨다.", "아이의 웃음이 기분 좋았다."

이렇게 작고 평범한 순간들을 기록하는 습관은, 내 감정을 다독이고 하루를 정리하는 가장 단순하면서도 강력한 방법이다.

눈에 띄는 성과가 없던 날에도 억지로라도 감사할 일을 찾아 쓰다 보면, 어느새 마음이 차분해지고 나 자신에게 이렇게 말하게 된다.

"그래도 괜찮았어. 오늘도 잘 견뎠어."

감사 일기를 꾸준히 쓰다 보면, 부정적인 감정이 머무는 시간이 줄어들고 현재의 삶을 있는 그대로 받아들이는 힘이 커진다. 혼자 하는 이 고요한 기록은, 내면을 회복시키는 가장 따뜻한 루틴이자 다시 하루를 살아갈 에너지를 채우는 나만의 의식이다.

④ 마인드 노트 작성: 깨달음, 명언, 자극이 된 말들을 매일 기록하다

나는 매일 하루를 마무리할 때, 내 마음에 강하게 남았던 문장, 누군가의 말, 읽은 책 속 구절을 '마인드 노트'에 적는다. 이 기록은 단순한 메모가 아니라 나의 사고방식을 새롭게 리셋하고, 감정을 고요하게 정돈하는 강력한 도구였다.

어떤 날은 내 하루 속에서 스스로 느낀 통찰을,

어떤 날은 강연이나 책에서 들은 명언 한 줄을,

어떤 날은 친구나 아이의 순수한 말 한 마디를 고스란히 적는다.

밥 프록터(Bob Proctor)

"If you can see it in your mind, you can hold it in your hand."

"마음속에서 그릴 수 있다면, 손으로도 잡을 수 있다."

→ 이 문장은 내가 시각화 명상을 할 때, 가장 자주 떠올리는 확신의 말이다. 그 어떤 것도, 먼저 마음에서 그려야 현실에서 이뤄진다는 진리.

토니 로빈스(Tony Robbins)

"The only limit to your impact is your imagination and commitment."

"당신이 세상에 미치는 영향의 한계는 오직 당신의 상상력과 헌신뿐이다."

→ 이 말은 내가 강의안을 쓰거나, 글을 쓸 때, 그리고 내가 되고 싶은 나를 상상할 때 늘 나를 밀어주는 동기 부여의 연료가 된다.

⑤ 부정 감정 리셋 일기 쓰기: 감정은 억누르는 게 아니라, 흘려보내며 다스리는 것

살다 보면 예상치 못한 말 한마디, 뜻밖의 상황, 반복되는 문제들로 인해 분노, 짜증, 서운함, 불안, 두려움 같은 감정이 올라온다. 나는 이 감정들을 억누르거나 외면하지 않고, 그대로 일기에 적어 '인정'하고 '해소'하는 방식을 택했다.

'부정 감정 리셋 일기'는 이렇게 쓴다. 첫째, 오늘 나를 불편하게 만든 감정을 있는 그대로 쓴다.

→ "오늘 통신사 상담을 하다 너무 짜증이 났다. 반복되는 말에 화가 치밀었다."

둘째, 감정이 올라온 이유를 정리해본다.

→ "내 얘기를 진심으로 들어주는 느낌이 없었고, 내가 무시당하는 기분이 들어서다."

셋째, 그 상황을 통해 내가 배운 점 또는 전환하고 싶은 관점을 적는다.

→ "나도 누군가의 말을 진심으로 들어주는 사람이 되어야겠다고 느꼈다."

넷째, 스스로를 다독이는 말을 덧붙인다.

→ "괜찮아. 오늘 많이 참았고 잘했어. 내 감정도 소중하니까 흘려보내자."

이렇게 매일 '부정 감정'을 기록하고 흘려보내며, 나는 스스로를 더 깊이 이해하게 되었다. 감정을 억지로 바꾸려고 애쓰기보다, 있는 그대로 인정하고 정리할 때 오히려 더 빠르게 회복될 수 있다는 걸 알게 된 것이다.

이 리셋 일기는 '감정을 비워내는 정화 작업'이자, '자기 회복의 루틴'이다. 감정을 다스릴 수 있다는 것은 결국, 내 삶의 흐름을 바꿀 수 있다는 뜻이다. 오늘도 나는 부정적인 에너지를 글로 흘려보내고, 다시 맑고 가벼운 마음으로 하루를 마무리한다. 이 루틴들은 단지 시간을 채우는 일정표가 아니다. 나를 지켜내기 위한 하나의 '마음 구조 시스템'이다. 감정이 흔들릴 때마다 이 구조 안으로 다시 들어와 중심을 잡고, 나 자신을 회복시킨다. 이 루틴 덕분에 나는 오늘도 내 삶의 방향을 잃지 않고, 나만의 길을 꾸준히 걸어가고 있다.

2

루틴을 도와주는
나만의 도구들

① 내 마음을 지켜준 루틴 정리표

(데일리 타임 테이블 + 루틴 체크표)

이 루틴은 단순한 시간표가 아니다. 불안정했던 일상을 다시 중심에 세우는 심리적 뿌리이며, 아이에게도 정서적 안정감을 주는 '마음 근육'을 기르는 실천법이다. 하루하루가 흔들리더라도, 이 루틴이 있었기에 다시 일어설 수 있었다. 스스로를 돌보고 다잡는 이 작은 습관들이 나를 지탱하는 큰 힘이 되었다.

루틴 예시 (강의 유무/업무에 따라 시간대는 유동적으로 조절하는 편)

시간대 활동 내용

06:30 기상 및 아침 루틴 시작 (확언, 명상)

07:30 아이 등교 준비 및 배웅

08:00 명상 또는 산책 / 헬스 운동으로 하루의 에너지 조율

10:30 영어 공부 (월·수·금) / 중국어 공부 (화·목·토), 각 1시간씩 진행

12:00 점심식사 후 독서 및 짧은 휴식

14:00~16:00 자기계발 콘텐츠 시청 또는 강의 준비, 사업 관련 업무

16:30~ 아이 하교 후 간식 챙기기, 하루 이야기 나누기, 숙제 함께하기

19:00~20:30 온라인 강의 진행 (세일즈, 동기 부여, 위탁 판매 등 - 월 6회 운영)

21:30 하루 마무리 - 일기 쓰기, 시각화 명상, 아이 학교 준비물 함께 챙기기

루틴 체크포인트

☐ 오늘 확언을 실천했는가?
☐ 명상 또는 운동으로 하루를 시작했는가?
☐ 나를 위한 공부 시간을 가졌는가?

▫ 정해진 일을 밀리지 않고 잘 해냈는가?
▫ 아이와 충분히 소통했는가?
▫ 일기로 하루를 돌아보았는가?

이 루틴은 완벽함을 위한 것이 아니라, 회복력을 위한 설계이다. 하루가 부족해도 괜찮다. 중요한 것은 언제든 다시 돌아올 수 있는 '나만의 중심'이 있다는 사실이다.

② 엄마와 아이의 확언 챌린지
- 나는 오늘도 새로운 것을 배워내는 똑똑한 아이야.
- 나는 영어를 점점 더 잘하게 되고 있어.
- 나는 나 자신을 믿고 끝까지 도전해.
- 나는 친구들과 잘 어울리고 있어.
- 나는 매일 성장하고 있어.
- 나는 모르는 것이 있어도 괜찮아. 나는 배우는 중이니까.
- 나는 내 속도를 믿고 천천히 가도 괜찮아.
- 나는 힘들어도 포기하지 않고 다시 도전할 수 있어.
- 나는 매일 용감해지고 있어.
- 나는 사랑받는 소중한 존재야.
- 난 할 수 있어. 내 뇌는 영어를 엄청 잘 받아들여.

- 나는 오늘 더 용감해졌어.
- 내 안에 더 멋진 내가 있다.
- 오늘도 나는 최고로 성장 중이야.

이 장은 단순한 이야기 이상의 메시지를 담고 있다. 아이의 유학길은, 곧 엄마의 재탄생 여정이기도 하다는 것. 엄마가 먼저 중심을 잡아야, 아이도 그 안에서 안정을 찾을 수 있다. 엄마가 흔들리지 않는 루틴과 마인드셋을 실천할 때, 아이 역시 스스로의 자리에서 빛날 수 있다. 이것이야말로 우리가 함께 성장해 나가는 이유이자, 유학이라는 여정 속에 숨겨진 진짜 가치가 아닐까.

③ 부정 감정 리셋 일기: 오늘의 감정 흐름 정리

날짜: _____ / 요일: _____
1. 오늘 올라온 불편한 감정은?
(예: 짜증, 불안, 실망, 서운함, 우울감 등)
→ _____

2. 이 감정은 어떤 상황에서 생겼나요?

(구체적인 상황이나 대화, 사건을 적어보세요.)

→ _____

→ _____

3. 그 감정을 느끼게 된 이유는 무엇인가요?

(내 기대, 상처받은 지점, 반복된 패턴 등 내면의 원인을 써보세요.)

→ _____

→ _____

4. 그 상황을 바라보는 나의 새로운 시선은?

(배운 점, 다르게 해석해보기, 관점 바꾸기 등)

→ _____

→ _____

5. 오늘 나에게 해주고 싶은 따뜻한 한마디

(스스로를 위로하고 다독이는 문장으로 마무리)

→ _____

→ _____

Tips

감정을 억누르지 말고, 있는 그대로 적는 것이 핵심입니다. 글로 풀어낼수록 감정은 점차 가라앉고, 생각은 명료해집니다. 매일 10분, 감정을 정리하는 이 습관은 결국 당신의 '에너지 회복' 루틴이 됩니다. 제가 실제로 적고 있는 양식을 그대로 드립니다. 이 양식을 수영장 옆 명상 루틴이나 감사 일기, 마인드 노트와 함께 매일 실천하시면 진짜 내면 정화 루틴이 만들어져요.

④ 나의 버킷리스트 북 만들기 + 시각화 명상 방법

시각화 명상은 단순한 상상이 아니다. 이는 '내가 원하는 삶을 미리 경험해보는 것'이며, 뇌와 감정을 원하는 방향으로 훈련하는 구체적인 방법이다. 밥 프록터, 네빌 고다드, 토니 로빈슨 등 수많은 자기 계발 멘토들이 한결같이 강조한다. "현실은 '의도한 감정'과 '반복된 이미지'에 따라 창조된다." 그 말처럼, 시각화는 단순히 머릿속으로 그리는 것이 아니라 의도된 감정의 반복 훈련을 통해 삶의 방향을 선명히 만들어가는 과정이다.

과거 메리케이 활동을 할 당시에는 잡지를 오려 붙이는 방식의 꿈의 지도를 활용한 경험이 있다. 하지만 시간이 흐르면서, 보다 단단하고 자주 펼쳐볼 수 있는 형태가 필요하다고 느꼈다. 그래서 '책' 형태로 나만의 시각화 북을 제작하게 되었다. 두껍고 화질이 좋은 인화 용지에 직접 구성하여 내가 갖고 싶은 집, 차, 여행지, 이상적인 일상 등의 이미지를 선별하여 수록했다. 페이지마다 확언(Affirmation)을 함께 배치하여 감정 몰입을 유도했다. 이 책은 단순한 바람의 기록이 아니라 매일 내 미래를 훈련하는 명상 도구가 되었다.

나는 종종 조용한 공간에 앉아 이 책을 펼쳐 든다. 그리고 한 장 한 장 넘기며 내 미래의 장면들을 그려보고, 그 속에서 살아가는 나 자신을 생생히 느껴본다. 시각화 명상은 결국 '감정으로 먼저 살아보는 연습'이다. 그리고 그 연습은, 현실을 바꾸는 진짜 시작점이 된다.

이미지는 책으로 시각화하고, 영상은 감정과 에너지를 한층 더 끌어올리기 위한 도구로 활용하는 것이 효과적이다. 직접 제작한 짧은 시각화 영상(2~3분 분량)은 내가 원하는 삶의 이미지를 보다 역동적으로 느끼게 해준다. 이 영상에는 내가 좋아하는 음악, 나의 꿈과 관련된 사진, 마음에 와닿는 명언 등을 함께 넣었다. 아침에 일어나기 전, 잠들기 직전, 혹은 명상 전후에 자주 휴대폰으로 시청함으로써 자연스럽게 감정 몰입의 훈련이 가능해진다.

Tips

영상은 PPT, Canva, VLLO, 키네마스터 등 앱을 통해 쉽게 제작할 수 있다.

④-1 어떻게 시작하면 될까?

Step 1. 이루고 싶은 장면을 상상한다.

- 내가 살고 싶은 공간은 어디인가?
- 함께하고 싶은 사람은 누구이며, 어떤 일을 하고 싶은가?
- 건강 상태, 라이프 스타일, 분위기, 주변 환경까지 구체적으로 떠올릴 것

Step 2. 그 이미지를 저장한다.

핀터레스트, 인스타그램, 호텔·부동산·자동차 브랜드 사이트 등에서 현실적이면서도 나의 비전을 자극하는 이미지를 선별해 저장한다.

Step 3. '시각화 북'을 제작한다.

이미지를 인화하거나, PPT로 디자인하여 책처럼 제본하고 각 페이지에는 관련 확언을 함께 적는다.

예시) "나는 이 삶을 살아가고 있다." / "나는 이 풍요를 받아들이는 사람이다."

Step 4. 명상 시간에 시각화 북을 펼쳐본다.

조용하고 나만의 루틴이 가능한 장소에서 (예: 수영장 옆, 침대 위, 아침 햇살 아래), 호흡을 가다듬으며 책장을 넘기고, 그 이미지 속에 들어가 있는 듯한 몰입을 시도한다.

확언과 함께하는 시각화 명상 문장 예시
- 나는 이 삶을 살 자격이 있다.
- 나는 이미 이 삶을 경험하고 있다.
- 나는 풍요와 자유를 누리는 사람이다.
- 모든 것은 나에게 완벽하게 흘러오고 있다.

이러한 문장을 하나씩 음미하며 이미지와 감정을 연결하는 것이 시각화 명상의 핵심이다.

함께 쓰면 좋은 구성 요소
버킷리스트 페이지:
연간 목표 또는 평생 이루고 싶은 꿈을 구체적으로 적는다.

현재 이룬 것 체크리스트:
이미 이뤄낸 것들을 시각적으로 정리하며 자기효능감을

강화한다.

미리 감사 노트:
아직 현실화되지 않았지만, 이미 이루어진 것처럼 감사의 표현을 적는다.
예시) "30평 테라스 집에서 오늘도 아이와 웃으며 아침을 시작했습니다. 감사합니다."

'시각화 북'은 단순히 예쁜 이미지의 모음집이 아니다. 나를 몰입시키는 확신의 도구이자, 내 뇌를 훈련시키는 강력한 마인드 코딩 책이다.

오늘부터 당신만의 '미래를 설계하는 책'을 만들어보길 바란다. 책 한 권이, 당신의 인생을 완전히 바꿔놓을 수 있기 때문이다. 나 또한 그렇게 해왔고, 지금도 매일 실천하고 있다.

⑤ 감사 일기 작성 예시: 가족이 함께 쓰는 '따뜻한 감사 루틴'
감사 일기는 혼자 쓸 때는 마음을 정돈하고 회복하는 개인의 루틴이 되지만, 가족과 함께할 때는 정서적 유대감을 키우는 따뜻한 연결의 도구가 된다.

특히 하루를 마무리하는 저녁 시간, 아이의 눈을 마주 보며 "오늘 고마웠던 순간이 뭐였을까?"를 함께 나누는 이 짧은 루틴은, 단순한 대화를 넘어선 감정 명상의 시간이 된다.

나는 하루에 한두 가지씩 아이에게 먼저 감사를 전한다.

"오늘 아침에 엄마 먼저 불러주고, 물도 챙겨줬잖아. 덕분에 기분 좋은 하루가 시작됐어. 고마워."

그러면 아이도 자연스럽게 마음을 연다.

"엄마가 간식 줄 때 내가 좋아하는 음식 해주시겠다고 열심히 만들어줘서 고마웠어요. 우리 엄마는 나를 많이 사랑해줘서 좋아요."

이런 말들을 주고받은 뒤, 우리는 서로를 꼭 안아준다. 이 시간은 단순한 말의 교환이 아니라, 마음을 정화하고 회복시키는 가족만의 감정 의식이다.

어떤 날은 아이가 먼저 "좋은 아침" 인사를 해줘서 고맙고,
어떤 날은 숙제를 마친 뒤 책을 펼쳐 읽는 모습이 대견하고,
어떤 날은 함께 웃으며 보낸 저녁 시간에 감사하게 된다.

반대로 아이는 "엄마가 간식 줄 때 '사랑해'라고 말해줘서 기분이 좋았다.",

"수영장 가기 전 같이 준비 도와줘서 고마웠다.",

"학교에서 힘들었는데 안아줘서 힘이 났다"라고 말한다.

이처럼 일상의 순간들을 함께 되짚고 감사하는 루틴은, 아이의 자존감과 가족의 정서적 안정성을 자연스럽게 키워준다.

가족 감사 루틴 실천 팁
- 함께 쓸 수 있는 가족 감사 노트를 마련한다.
- 표지에는 가족사진을 넣으면 더욱 애착이 생긴다.
- 자기 전, 하루에 1~3줄씩 서로의 고마움을 나누는 시간을 갖는다.
- 일주일에 한 번은 감사 노트를 함께 펼쳐 읽으며, 가족의 좋은 기억을 되새긴다.
- 감사하는 습관은 시간이 흐를수록 가족의 '정서적 저금통'을 채우는 일이 된다.

아이에게 "너 때문에 엄마가 행복했어"라고 말하는 순간, 아이의 자존감은 눈에 보이지 않게 깊고 단단하게 자라난다. 감사는 마음과 마음을 연결해주는 다리이다. 말하지 않으면 모르고, 써두지 않으면 잊히는 감정. 하루에 단 몇 줄이라도 나누는 일이 가족 안에 따뜻한 온기를 남긴다. 그것이 우리가 가족으로 함께 살아가는 이유이며, 함께 있다는 것에 감사할 수 있는 가장 아름다운 방법이다.

특히 지금 중학교 2학년으로 올라가며 사춘기를 시작한 우리 아이에게도 감사 일기 루틴은 큰 힘이 되었다. 말로 표현하기 어려운 시기이지만, 글로 남기니 아이 스스로도 "엄마가 나를 이렇게 고맙게 생각하는구나" 하고 확인할 수 있었다. 그 경험은 아이의 자존감을 높이고, 마음을 안정시키며, 부모와의 정서적 연결을 단단히 하는 계기가 되었다. 또한 아이가 직접 감사의 대상을 적어 내려가면서, 불만이나 짜증보다 긍정적인 시선으로 하루를 돌아보는 습관이 자연스럽게 자리 잡았다.

이 감사 루틴은 단순히 부모에게만 좋은 습관이 아니다. 아이에게는 자신이 사랑받고 있다는 확신, 마음을 정리하는 힘, 작은 일에도 고마움을 느낄 줄 아는 눈을 키워주는 귀한 도구가 된다. 사춘기의 거친 파도 속에서도 감사의 언어는 아이의 마음을 단단하게 지탱해주는 안전띠와 같았다.

생활 부록

말레이시아 현실 꿀팁, 실전 가이드

1

로컬 마트 vs 자야 vs 한인 마트 장보기 비교

"유학은 감정의 여정이자, 생활력의 테스트다. 실용적인 꿀팁 하나로도 일상이 훨씬 가벼워질 수 있다."

주 1회 대형 마트 장보기: NSK 추천

(※ 지역마다 마트가 다르니, 가게 상인들이 가서 주로 구입하게 되는 도매 마트를 찾아보기를 추천드린다.)

채소, 과일, 육류 등 생필품 중심으로 가장 자주 이용하게 되는 곳이 대형 마트다.

쇼핑몰보다 20~30% 저렴하고 품목도 다양하다.

단점이라면 매장이 매우 넓고 사람도 많아, 장보기 리스트를 미리 준비하지 않으면 불필요한 물건들을 담게 되고, 넓은 공간을 돌아다니다가 금방 지치게 된다.

예) 브로콜리 한 송이(주먹 2개 크기): 약 600~700원 수준
→ 한국보다 4~5배 저렴

라면 가격 비교:
NSK: 16.90링깃 (약 5,600원)
자야: 25.60링깃 (약 8,500원)

딸기잼:
NSK: 3,000원대
한국 마트: 9,000원대

간장:
NSK: 5,000~6,000원
자야: 8,000원대
한국 마트: 11,000원

처음에는 무조건 한국 제품만 선호했지만, 주변 학부모님들의 추천으로 현지 유명 제품을 하나씩 시도해보며 결과적으로 큰 맛 차이를 느끼지 못했다. 생활비 절감 효과는 매우 컸고, 한 달 기준 약 20~30만 원 정도를 줄일 수 있었다.

장보기 물량 비교

NSK: 큰 비닐 4개 가득 → 약 8만 원

자야: 큰 비닐 2개 정도 → 약 6만 원

한국 마트: 큰 비닐 반 개 → 5만 원 훌쩍 넘음

마트 별 가격 차이를 인지한 이후부터는 아이가 학교에 간 사이 주 1회 NSK에서 식재료를 넉넉히 구입했다. 그리고 중간중간 자야와 한인 마트를 번갈아가며 부족한 물건만 소량 보충했다.

한인 마트는 전략적으로 이용

한국 반찬, 양념, 국물 재료는 여전히 필요하기 때문에 한인 마트도 완전히 배제하기긴 어렵다. 고추장, 된장, 다시다 팩은 꼭 사두는 품목이며, 아이 간식이나 좋아하는 한국 제품 구매 시에도 유용하다. 다만 가격대가 높기 때문에 '전략적으로 필요한 것만' 사는 방식이 좋다.

말레이시아에서 물 마시기 꿀팁

정수기를 사용하고 있으며, 마시는 물은 Spritzer 생수를 배달받았다.

→ 생수 비용만 해도 매달 약 6~7만 원이 들어간다.

처음에는 무조건 생수를 사 마셨지만, 주변 학부모님들은 생수 구매를 하지 않는다는 말을 들었다. 정수기 물도 아주 깨끗하고 믿을 수 있다고 추천해 주었다. 그러나 나와 아이 둘 다 잦은 배탈로 고생했던 경험이 있어서 정수기 물을 받아 한국에서 가져온 보리차 티백을 넣어 끓여 마신다.

생수를 마셔도 배탈이 잦아 한국에서 챙겨온 약을 자주 먹어야 했던 아이는, 보리차 물을 마신 이후로는 배앓이가 사라졌다. 그래서 조금 번거롭더라도 늘 물을 끓여 마신다. 맛도 부드럽고 소화도 잘되며, 무엇보다 배앓이 걱정이 없으니 훨씬 만족스럽다.

보리차나 옥수수차는 한국에서 미리 대량으로 주문해 두고 항공 배송을 활용하면 편리하다. 항공이라고 해서 무조건 비싼 것은 아니며, 업체에 따라 1kg당 약 20링깃(환율 330원 기준 약 6,600원) 수준으로 비교적 합리적이다. 가족에게 부탁할 때는 불필요한 포장을 제거하고 티백만 소포장해 보내 달라고 하면 무게를 줄여 더 효율적이다.

말레이시아에서의 살림은 '처음에는 어렵지만, 루틴만 잡히면 훨씬 가볍고 여유롭다'라는 점이다. 마트 장보기만 잘 구조화해도 생활비는 대폭 줄일 수 있고, '먹는 물' 하나만 바꿔도 건강과 생활 안정에 큰 도움이 된다.

2

말레이시아 유심 &
휴대전화 사용 꿀팁

"현지 생활의 첫걸음은 '통신 환경'에 익숙해지는 것부터다."

초기엔 다들 로밍 폰으로 입국하게 되지만, 그 상태로만 계속 쓰는 것은 비효율적일 수 있다. 특히 문자 알림이 중요한 상황(예: 은행 인증, 본인 확인 등)에서는 한국 번호와 말레이시아 번호를 분리해서 관리하는 방식이 훨씬 안정적이다.

① 한국 휴대전화 + 현지 휴대전화 '2대 분리 전략' 추천

휴대폰이 한 대뿐이라면, 한국폰에 말레이시아 유심을 끼워 사용하는 경우가 많다. 하지만 이럴 경우 로밍 문자 수신이 불가능해지는 단점이 있다. 한국에서 사용하는 서비스 중에는 여전히 인증 문자가 필요한 경우가 있으니(특히 은행 관련), 이런 부분이 필요하다면 한국폰을 낮은 요금제로 유

지하는 것도 고려할 만하다. 동시에 기본 사양의 공기계를 하나 준비해 현지 번호를 연결해 두는 것이 가장 안정적이다. 이렇게 하면 한국폰은 인증문자나 중요한 연락을 받을 수 있고, 현지폰은 데이터와 통화를 전용으로 사용할 수 있어 훨씬 효율적이다.

 나는 처음 유학원에서 "사양이 높은 휴대폰일 필요는 없으니, 현지에서 사용할 수 있는 기본적인 공기계를 하나 구해 오라"라는 조언을 들었다. 그래서 아이가 사용하던 공기계 폰을 챙겨와 현지 유심을 넣어 사용했고, 한국폰은 이곳에 도착한 지 두 달쯤 지나 일시 정지로 전환했다. 실제로 휴대폰을 두 대로 나누어 쓰는 방식이 훨씬 편리했다.

 현지폰은 월 70~80GB 정도 제공하는 요금제를 선택해 개통했다. 보통 현지에서는 25~45링깃(약 8,250원~14,850원, 환율 330원 기준) 사이의 요금제를 많이 사용한다. 그러나 나는 노트북으로도 일을 해야 했기 때문에, 어디서든 끊김 없이 안정적으로 사용하기 위해 70~80GB 요금제를 선택했다. 데이터를 핫스팟으로 연결해 한국폰을 사용하니 카카오톡은 물론 대부분의 앱을 문제없이 이용할 수 있었다.

선불 요금제는 그날 결제하지 않으면 바로 이용이 정지되기 때문에, 지인의 추천으로 후불 요금제로 변경해 보았다. 혜택도 많고 훨씬 편리했다. 물론 데이터를 많이 사용하지 않는다면 선불 요금제도 나쁘지 않지만, 나는 업무 특성상 데이터를 많이 쓰기 때문에 후불 요금제가 훨씬 잘 맞았다. 6개월 정도 사용하니 추가 데이터를 제공해 주어, 지금은 매월 150GB의 넉넉한 용량으로 안정적으로 사용하고 있다.

또 한국 내 전화를 해야 할 때는 말레이시아에서도 070 번호를 개통해 한국 요금으로 전화를 걸고 받을 수 있었고, 문자가 필요할 때도 070 번호로 발신·수신이 모두 가능했다. 지인들과는 카카오톡 보이스톡으로 편리하게 소통할 수 있었기 때문에 굳이 한국폰을 로밍 상태로 유지할 필요는 없었다.

물론 개인 상황에 따라 다를 수 있다. 하지만 나와 내 지인들이 이 방식을 사용해 본 결과, 실제로 안정적이고 편리했다. 말레이시아에서 휴대폰을 준비하려는 분들이라면 이 경험을 참고해 자신에게 맞는 방법을 선택하면 좋을 것이다.

② 현지 유심 요금 & 데이터 용량 비교

말레이시아 통신사는 Digi, UMobile, Maxis 등 다양한 선택지가 있으며, 대부분 선불 유심 / 후불 유심 모두 가능하다.

선불 유심 기준 요금 예시:
- 42~45링깃(한화 약 14,000원)에 약 70GB 이상 데이터 제공
- 속도도 빠르고, 연결 안정성도 매우 뛰어나다.
- 대부분의 공간(엘리베이터, 지하 3층 이하 제외)에선 데이터 끊김 없이 사용 가능
- 유튜브, 줌 회의, 온라인 학습 등도 무리 없이 가능

반면, 한국 휴대전화 로밍 상태는 월 기본료 약 2만 원대, 무료 데이터 약 13GB 내외 제공됨

③ 유심 구매 전 반드시 확인할 사항
- 여권 실물 지참 필수(비자 승인 전이라도 실물 여권만 있으면 구매 가능)
- 학교 입학 / 비자 신청 전에 미리 유심을 갖춰두는 것이 정착에 훨씬 유리
- 선불 유심은 편의점, 마트, 쇼핑몰 내 통신사 부스에서도 쉽게 구매 가능
- 후불 요금제는 현지 은행 계좌 또는 카드가 필요한 경우도 있어, 초기에는 선불로 시작하는 편이 안전

말레이시아의 통신 요금은 한국에 비해 저렴하고 쾌적한 편이다. 하지만 안정적으로 정착하려면 문자 수신(OTP·공식 연락)과 데이터 사용을 분리하는 것이 유리하다. 한국에서 쓰던 휴대폰은 그대로 유지해 한국 계정 인증 문자와 금융 서비스 확인용으로 활용하고, 현지에서는 별도의 휴대폰이나 유심을 사용해 데이터와 통화를 처리하는 방식이다. 이렇게 이원화하면 인터넷 끊김 없이 생활할 수 있고, 한국에서 오는 중요한 정보들도 놓치지 않는다. 많은 이들이 로밍을 먼저 떠올리지만 장기 체류에는 비효율적이다. 현지 선불 유심을 사용하면 요금은 훨씬 저렴하고, 데이터 무제한 요금제도 손쉽게 가입할 수 있으며, 배달 앱·은행 앱·학교 포털 같은 현지 필수 서비스 연동도 훨씬 매끄럽다. 결국 휴대전화 관리만 잘해도 정착 스트레스의 절반은 줄어든다. 한국폰과 현지폰을 분리해 쓰는 전략은 끊김 없는 인터넷과 빠른 정보 수신을 동시에 보장하는 가장 확실한 방법이다.

3

말레이시아
교통 가이드

"마트, 학교, 병원… 어디든 가려면 자동차가 필요한 나라, 말레이시아."

차 없이도 살 수 있지만, 차가 있으면 하루가 훨씬 효율적이고 여유로워진다. 차량을 사야 할까? 렌트는 괜찮을까? 내가 직접 해본 교통 루틴과, 주변 엄마들의 팁까지 한데 정리해보았다.

① **차량 구매 vs 대여 vs 그랩: 정착 초기에 가장 유리한 선택은?**

말레이시아에 처음 도착했을 때, 많이 듣는 질문 중 하나는 바로 이것이다. "차를 사야 할까, 빌려야 할까, 그냥 그랩만 타도 될까?" 정착 초기에는 대부분 차량 구매를 미루고, 대여나 그랩 이용으로 시작하는 경우가 많다. 이유는 간단하다. 비자, 학교 서류, 현지 주소 등록 등이 제대로 마무리되지 않은 상태에서 차량을 구매하면 행정 절차가 더 복잡해지고, 등록 과정에서 외국인이라 추가 비용이 드는 경우도 있기 때문이다.

대여는 보통 한 달 기준 1,500~2,500링깃(한화 약 50만~85만 원) 선이며, 유류비도 한국보다 저렴해서 유지비 부담은 적은 편이다. 그랩(Grab)은 동남아 지역에서 가장 많이 사용되는 차량 호출 앱으로, 택시처럼 부르면 몇 분 내로 도착하고, 앱으로 미리 요금도 확인할 수 있어 매우 편리하다. 초기에는 아이 학교 등하교, 마트, 병원 방문 등 자주 가는 장소 위주로 활용하는 경우가 많다.

② 그랩(Grab) 현실 사용 팁

말레이시아에서 그랩(Grab)은 한국의 카카오택시와 유사한 차량 호출 앱이다. 목적지, 시간대, 거리, 차량 종류에 따라 요금이 달라지며, 실시간 수요에 따라 가격 변동 폭도 큰 편이다. 보통 10~20분 거리 내외의 이동은 약 10~15링깃(한화 3,000~5,000원) 정도면 충분하다. 하지만 출퇴근 시간, 비 오는 날, 차량이 부족한 시간대에는 최대 2~3배까지 요금이 급등하기도 한다. 예를 들어, 우리 집에서 아이의 학교까지는 평소 15~20링깃이면 충분했지만, 비가 조금만 내려도 요금이 35~50링깃(약 12,000~16,000원)까지 치솟은 적도 있다.

주의할 점: 차량 수요가 많은 날이나, 호출 시 '짐이 있다'라는 표시를 할 경우, 호출 후 기사가 취소하는 경우도 종종 발생하므로 참고할 필요가 있다.

활용 팁: 앱 내 '자주 가는 장소' 즐겨찾기 기능을 활용하면 자녀의 학교, 자택, 단골 마트, 병원 등을 빠르게 선택할 수 있다. 또한 그랩 보상 포인트나 할인 쿠폰이 주기적으로 제공되므로, 이를 적극 활용하면 비용을 절감할 수 있다.

사실 복잡한 영어를 몰라도 괜찮다. "Just straight, please.", "You can stop here." 이런 짧은 문장들만 알아도 충분히 통한다. 마트나 병원, 약국, 그랩을 이용할 때 자주 쓰는 간단한 표현들만 따로 정리해 두면 생활이 훨씬 편해진다.

③ 주차 현실 & 주의할 점

콘도(아파트)에 사는 경우, 보통 1대는 무료 주차가 가능하다. 방문객 차량은 사전 등록하거나 게스트 파킹 구역을 이용해야 하며, 대부분 경비실에서 차량 번호 확인 후 입차를 허가하는 시스템이다.

쇼핑몰 주차: 대부분 유료지만 저렴하다. 첫 1~2시간은 무료이거나, 2~10링깃 안쪽으로 충분하다.

주의 사항: 일부 몰에서는 QR코드 등록 또는 앱 결제가 필요하므로, 미리 사용 방법을 익혀두는 것이 좋다. 그리고 주차장 구조가 복잡하거나 좁은 경우도 있어, 처음 운전하는 분이라면 큰 몰이나 지상 주차장 위주로 연습하는 것이 안전하다.

④ 국제 면허증 vs 현지 면허 전환

운전을 계획하고 있다면 국제운전허가증(IDP)을 한국에서 준비해 오는 것이 좋다. 말레이시아 입국 후 최대 90일 정도까지 사용 가능하다는 안내가 많다. 다만 장기 거주자나 비자의 성격, 보험조건 등에 따라 더 복잡해질 수 있다.

특히, 과거 외국 면허를 말레이시아 면허로 전환하는 절차가 있었으나, 2025년 5월부터 외국인의 일반 면허전환 신청이 중단되었다.

따라서 장기 거주를 계획하고 있다면 먼저 현지 면허 제도, 비자 조건, 보험 조건 등을 꼼꼼히 확인하는 것이 중요하다. 말레이시아 운전자들은 대체로 온화하다. 하지만 오토바이, 우회전 차선, 로터리 진입 등은 초보자에게 혼란스러울 수 있다. 길이 헷갈려서 역주행한 때도 종종 있었다.

사고 발생 시 대처 요령:
- 보험사 연락
- 경찰 신고
- 현장 사진 촬영
- 그랩 차량과 접촉 시에는 그랩 고객센터 신고 가능

말레이시아의 교통은 선택의 폭이 크지만, 나와 아이의 라이프 스타일에 맞는 방식을 초기에 잘 선택하는 것이 중요하다. 차 없이도 지낼 수는 있지만, 차량이 있으면 생활 동선에 큰 여유가 생기고, 더 멀리, 더 자주, 더 쉽게 움직일 수 있다. 무엇보다, '엄마'로서의 하루가 조금 더 여유롭고 안정될 수 있다면, 그것만으로도 차량은 '편리함 이상의 가치'를 가지게 된다.

4

말레이시아 의료 &
약국 이용 팁

 말레이시아에서의 생활은 날씨, 음식, 물, 환경 모든 것이 익숙하지 않다 보니 처음 몇 개월은 특히 건강에 예민해질 수밖에 없다. 특히 아이가 아프거나, 내가 몸이 안 좋을 때 병원을 어떻게 가야 할지 몰라 더 당황스러웠던 기억이 있다.

① 말레이시아 병원 이용 팁

 말레이시아에는 다양한 병원들이 있으며, 특히 선웨이 메디컬 센터(Sunway Medical Centre)는 한국어 상담 서비스를 제공한다. 병원 방문 전, 왓츠앱을 통해 한국어 상담 가능 여부를 문의하거나, 병원 도착 후 한국어 상담 직원을 요청할 수 있다. 이러한 서비스를 통해 언어 장벽 없이 진료를 받을 수 있다. 또한, 말레이시아의 병원에서는 구글 번역기를 활용하여 의사소통하는 때도 많다. 의료진이 친절하게 대응해 주므로, 간단한 증상 설명이나 문의는 번역기를 통해 충분히 전달할 수 있다.

② 약국 이용 및 비상약 준비

말레이시아의 약국, 특히 왓슨스(Watsons)와 같은 체인 약국에서는 대부분의 일반 의약품을 구매할 수 있다. 한국에서 챙겨온 장염약, 비염약, 모기약 등도 현지에서 쉽게 구할 수 있으며, 일부 약은 한국보다 효과가 뛰어난 경우도 있다. 예를 들어, 목이 칼칼하거나 간질간질할 때 효과적인 사탕 형태의 약이 있으며, 이는 현지에서 인기 있는 제품 중 하나이다. 따라서, 한국에서 비상약을 과도하게 준비하기보다는, 현지 약국에서 필요한 약을 구매하는 것이 효율적이다.

③ 의료비 및 보험 정보

말레이시아의 의료비는 병원에 따라 차이가 있으며, 일부 병원에서는 진료비와 약값이 한국과 비슷하거나 더 저렴한 경우도 있다. 그러나, 일부 고급 병원이나 특정 진료의 경우 비용이 높을 수 있으므로, 방문 전 비용을 확인하는 것이 좋다. 현지 보험이 있다면 대부분의 병원에서 보험 청구가 가능하다. 초기에는 보험이 없더라도, 현지에서 보험에 가입하면 의료비 부담을 줄일 수 있다. 특히, 긴급 수술이나 입원이 필요한 경우 보험의 유무에 따라 큰 차이가 발생할 수 있다.

④ 건강 관리 및 예방

말레이시아는 고온다습한 기후로 인해 음식이 쉽게 상할 수 있으므로, 음식 섭취 시 주의가 필요하다. 특히 아침에 조리된 음식을 저녁까지 보관하는 것은 피하는 것이 좋다. 또한 새로운 음식이나 익숙하지 않은 재료는 소량씩 시도하여 몸의 반응을 확인하는 것이 바람직하다. 장염약은 현지에서도 구할 수 있지만, 초기 정착 시에는 한국에서 준비해 오는 것이 도움이 될 수 있다.

또한, 모기약이나 벌레 퇴치제 등은 현지에서 다양한 제품이 판매되고 있으므로, 필요에 따라 구매하면 된다. 특히 모기는 말레이시아 생활에서 빼놓을 수 없는 주의 요소다. 우리 아이는 모기 알러지가 있어 한 번만 물려도 심하게 붓고, 알러지 약을 며칠간 복용하며 연고까지 발라야 할 정도로 예민했다. 그래서 한국에서 꽂아서 사용하는 홈키파를 대량으로 챙겨왔지만, 현지 모기에게는 전혀 효과가 없었다. 아이 침실에 3개를 동시에 켜놔도 소용없었고, 결국 주변 엄마들에게 조언을 구해 현지에서 파는 모기 기피 스프레이를 사용하게 되었다.

  현지 제품은 사용 시간에 따라 6시간용, 12시간용이 나뉘어 있었는데, 학교 갈 때는 12시간 지속 제품을 팔과 다리에 꼼꼼히 뿌려주었고, 집에 있을 때나 외출할 때는 6시간짜리를 사용했다. 그 이후로는 모기에 물리는 일이 확실히 줄어들었다. 이 경험을 통해 배운 점은, 무조건 한국에서 모든 것을 준비해 오는 것이 능사가 아니라는 것이다. 현지 상황에 맞는 제품을 적절히 선택하는 것이 훨씬 효과적일 수 있으니, 정착 후에는 현지 마트나 약국에서 판매되는 생활용품도 적극적으로 활용하는 것이 좋다.

  말레이시아의 의료 인프라는 생각보다 잘 갖춰져 있다. 일반 병원 진료도 원활하고, 약국에서도 웬만한 상비약이나 전문의약품까지 쉽게 구할 수 있다. 무엇보다 번역기 앱을 활용하면 언어 장벽도 크게 문제되지 않는다. 증상 설명을 간단히 번역해 보여주거나, 한국에서 사용하던 약의 케이스 사진을 찍어 약국 직원에게 보여주면 그에 맞는 성분의 현지 약을 바로 추천해준다. 덕분에 굳이 한국에서 비싼 배송비를 내고 약을 공수하지 않아도, 현지에서 다양한 증상에 맞는 약을 적시에 확보할 수 있다.

즉, 말레이시아 정착 초기에는 필요한 기본 약만 한국에서 준비해 오고, 이후에는 현지 약국을 적극적으로 활용하는 것이 효율적이다. 의료 시스템과 약국 접근성이 좋다는 사실을 알게 되면, 외국 생활의 불안감도 훨씬 줄어들고 생활 전반의 안정감을 더 빨리 얻을 수 있다.

또한, 한국에서 출발할 때 유학생 보험을 가입하고 온다면 초기 정착 시 훨씬 든든하다. 혹시나 놓쳤더라도 이곳에 와서 현지에서 가입할 수 있는 한국계 보험과 말레이시아 현지 보험이 모두 준비되어 있다. 보장 범위와 혜택이 충분히 잘 갖춰져 있기 때문에, 혹시 출국 전에 준비하지 못했다면 도착 후라도 꼭 참고해 가입해두는 것이 좋다.